reinhardt

»Kinder sind Kinder« – Band 23

Sylvia Weber

Linkshändige Kinder richtig fördern

Mit vielen praktischen Tipps

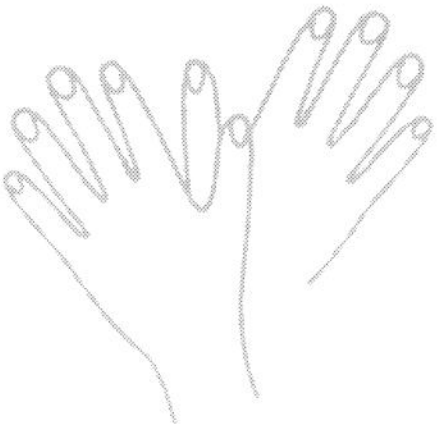

Mit einem Geleitwort von
Johanna Barbara Sattler

Zahlreiche Fotos und Zeichnungen

Ernst Reinhardt Verlag München Basel

Sylvia Weber, Dipl. Biologin, arbeitet in der Linkshänderberatung. Ihre Tätigkeitsschwerpunkte liegen in der Durchführung von Händigkeitsuntersuchungen und -tests bei Kindern und Erwachsenen und in der Beratung und Hilfestellung beim Einüben einer unverkrampften Schreibhaltung.

Titelfoto und Fotos im Innenteil: Sylvia Weber, Markt Indersdorf
Zeichnungen im Anhang: Susanne Hilger, Rosenheim

Bibliografische Information der Deutschen Bibliothek

Die Deutsche Bibliothek verzeichnet diese Publikation in der Deutschen Nationalbibliografie; detaillierte bibliografische Daten sind im Internet über <http://dnb.ddb.de> abrufbar.
ISBN 3-497-01646-2
ISSN 0720-8707

Printed in Germany
Reihenkonzeption: Oliver Linke, Augsburg

Ernst Reinhardt Verlag, Postfach 38 02 80, D-80615 München
Net: www.reinhardt-verlag.de Mail: info@reinhardt-verlag.de

Inhalt

Geleitwort

In den letzten Jahren ist die Akzeptanz der Linkshänder in der Gesellschaft stetig gestiegen. Dazu haben Menschen in den verschiedensten Gebieten beigetragen: durch fachliche Beratungen, Vorträge, Veröffentlichungen – und nicht zuletzt durch ihr außergewöhnliches Engagement.

Manch einer mag zu dem Schluss kommen, der Umgang mit Linkshändigkeit und die Integration der Kinder seien inzwischen selbstverständlich geworden. Tatsächlich ist Linkshändigkeit aber auch heute noch nicht »Normalität«.

Eltern reagieren verunsichert, wenn sie erstmals die Bevorzugung der linken Hand bei ihrem Kind beobachten. Sie suchen nach Hilfestellungen und praktischen Tipps für ihren Alltag. Das vorliegende Buch beantwortet die Fragen der Eltern und hilft so, die Sicherheit zu vermitteln, die Kinder brauchen, um sich angenommen zu fühlen.

Sylvia Weber hat sich durch ihre eigene Betroffenheit und die ihrer Kinder intensiv mit Händigkeit auseinandergesetzt und bringt als Biologin das Verständnis für die oft komplizierte Problematik mit. Sie berät seit Jahren Linkshänder und deren Eltern, hält Vorträge und bietet schreibvorbereitende Kurse für linkshändige Kinder an. Sie behandelt das Thema sensibel und fachlich bewandert. Es macht Freude, ihren Gedankengängen zu folgen.

Dr. Johanna Barbara Sattler
Erste deutsche Beratungs- und Informationsstelle
für Linkshänder und umgeschulte Linkshänder, München

Vorwort

Dieses Buch entstand aus der täglichen Arbeit in meiner Beratungsstelle und wendet sich vor allem an Eltern, Pädagogen und Fachleute aus therapeutisch arbeitenden Berufsgruppen, die sich einen Überblick über die Thematik verschaffen wollen. Es beantwortet grundlegende Fragen zum Thema Linkshändigkeit, wie sie immer wieder im Elterngespräch oder im Rahmen von Fortbildungsveranstaltungen an mich gestellt werden.

Der erste Teil befasst sich mit den natürlichen Ursachen der Linkshändigkeit und betrachtet ihre Ausbildung im Gesamtzusammenhang der motorischen Entwicklung des Kindes. Einen weiteren Schwerpunkt bildet der Themenkreis ‚Beidhändigkeit' bzw. instabiler Handgebrauch, der gerade bei Eltern betroffener Kinder oftmals große Unsicherheit hervorruft. Auch Fragestellungen zur Problematik der Umschulung dürfen nicht fehlen, da besonders *sanfte* Methoden auch heute noch vielerorts angewendet werden.

Die praktische Unterstützung des linkshändigen Kindes wird sehr ausführlich und praxisorientiert behandelt. Konkrete Hinweise und Techniken erleichtern es rechtshändigen Eltern und Pädagogen, das Kind gemäß seiner Händigkeit anzuleiten.

Im letzten Teil des Buches wird der häufig angenommene Zusammenhang zwischen Linkshändigkeit und Lese-Rechtschreib-Schwäche genauer betrachtet, und ein kurzer Ausflug in die Persönlichkeitspsychologie setzt sich mit Untersuchungen auseinander, die einen Zusammenhang zwischen Händigkeit und Charaktereigenschaften eines Menschen postulieren.

Mein herzlicher Dank gilt vor allem Frau Dr. Johanna Barbara Sattler, die mich fachlich unterstützte und trotz ihres großen beruflichen Engagements stets ein offenes Ohr für mich hatte. Ihr Kollege Herr Dr. Ivo-Kurt Cizek, den ich im Rahmen von Fortbildungsveranstaltungen kennen lernen durfte, wird mir aufgrund seiner Gabe, andere Menschen zu motivieren und zu begeistern, immer in Erinnerung bleiben.

Frau Susanne Hilger, die durch ihre Zeichnungen an der lebendigen Gestaltung des Buches beteiligt war, möchte ich ebenfalls herzlich danken, und nicht zuletzt meiner Familie, die in jeder Beziehung tatkräftig mithalf und viel Verständnis und Geduld aufbrachte.

Markt Indersdorf, Januar 2003 Sylvia Weber

1 Rechts ist richtig: die gesellschaftlichen Vorbehalte gegenüber Linkshändigkeit

Die Sprache vermittelt sehr eindrucksvoll die traditionellen Vorstellungen und überlieferten Werte einer Gesellschaft. Normen wandeln sich im Laufe der Zeit und werden moderneren Anschauungen angepasst, der Sprachgebrauch bleibt dagegen lange unverändert. Im Fall der Begriffe *rechts* und *links* leiten uns unsere Assoziationen zu den unbewusst enthaltenen Botschaften und der positiven bzw. negativen Besetzung der beiden Worte. Was kommt uns spontan zum Begriff links in den Sinn?

Das Wort *links* gibt nicht nur eine Richtung im Raum an, wir denken an linkisch, ungeschickt, unbeholfen und unsicher. Im Aberglauben, der Überreste unserer religiösen Wurzeln aus der Antike anzeigt, symbolisiert *links* in vielfältiger Weise Unglück, Bösartigkeit und Minderwertigkeit. Wir alle wissen, wie der Tag verläuft, wenn wir „mit dem linken Fuß aufgestanden" sind und eine Katze von links kommend unseren Weg kreuzt. Bei der Suche nach sinnverwandten Worten zum Begriff *Linkshänder* kann es vorkommen, dass wir auch in modernsten Textverarbeitungsprogrammen auf den Begriff ‚Pechvogel' hingewiesen werden. Im Mittelalter gehörte linkshändiges Hantieren neben roten Haaren zu den Qualitäten einer Hexe, und die linke Hand wurde regelrecht verteufelt. Wenn wir heute „eine linke Sache machen", bestimmen Falschheit und Gemeinheit unser Wesen, und wir ignorieren einen Menschen in beleidigender Art und Weise, wenn wir ihn „links liegen lassen". Viele umgeschulte Linkshänder kennen ihre ‚schlechte' oder ‚böse' linke Hand, die mit

Schlägen davon abgehalten werden musste, schreiben zu lernen. In anderen Kulturkreisen ist der Gebrauch der linken Hand aus religiösen Gründen buchstäblich tabu. Sie ist unrein und darf nur für minderwertige Tätigkeiten benutzt werden.

Schon die Märchen warnen unsere Kinder davor, vom „rechten Wege" abzukommen, da anderswo Unglück und Verderben drohen. Nicht nur Linkshänder wissen, welche Hand mit dem ‚schönen' oder ‚guten Händchen' gemeint ist. Wir geben uns zur Begrüßung die rechte Hand, die in diesem Fall auch die ‚richtige' ist. Gibt das Kind die ‚falsche', sind viele Eltern unangenehm berührt. Die rechte Hand ist die Schwurhand, und es ist eine Ehre, als die „rechte Hand" des Chefs bezeichnet zu werden. Von *rechts* kommt „das Recht", wir sind aufrichtig und ehrlich, wenn wir „das Herz auf dem rechten Fleck" haben.

Die negativen Bedeutungen der Wortfamilie rund um den Begriff *links* und die davon abgeleiteten Vorurteile gegenüber Linkshändern haben auch heute noch Auswirkungen. Sie können auf sehr subtile Art und Weise bestimmen, welche Haltung wir gegenüber Linkshändern an den Tag legen, und wie wir auf linkshändiges Hantieren reagieren. Stört es uns, weil es gängigen Benimmregeln widerspricht und uns der Alltag mit einem linkshändigen Kind nicht selten zum Umdenken auffordert? Versuchen wir deswegen möglichst frühzeitig, das Kind an den Gebrauch der ‚richtigen' Hand zu gewöhnen, um es an die rechtshändige Mehrheit in unserer Gesellschaft anzupassen? Oder akzeptieren wir es und sind bereit, das Kind auch gegen die bequemere Norm zu unterstützen und zu seiner Chancengleichheit gegenüber Rechtshändern beizutragen?

Nicht nur negative Wortbedeutungen und Aberglaube tragen dazu bei, dass linkshändigen Kindern nicht überall unvoreingenommen begegnet wird: Auch die Wissenschaft verbreitete immer wieder Behauptungen, die Linkshänder in einem beunruhigend schlechten Licht darstellten. So stellte Cesare Lombroso zu Beginn des zwanzigsten Jahrhunderts fest, dass Linkshändigkeit eindeutig auf den kriminellen Charakter eines Menschen hinweise. Dass diese Feststellung völlig aus der Luft gegriffen war, verhinderte nicht, dass sich diese Assoziation in vielen Köpfen festsetzte. Vereinzelt sind Wissenschaftler überzeugt, Linkshänder seien besonders anfällig für Alkoholismus, Asthma, Heuschnupfen, Homosexualität, Zuckerkrankheit, Schlaflosigkeit, Selbstmord und Schwachsinn (Smits 1994, 8). Betrachtet man die Untersuchungen genauer, stellt sich die Frage nach den statistischen Grundlagen, denn der Linkshänderanteil der jeweiligen Landesbevölkerung als notwendige Bezugsgröße ist selten genau untersucht. Der Sprachwissenschaftler Rik Smits meint dazu: „Wenn Linkshänder wirklich an so vielen Mängeln gleichzeitig litten, dann wäre es ein wahres Wunder, dass es sie überhaupt noch gibt." (Smits 1994, 8)

Linkshändigkeit und Hirnschaden – diese Schlagwortkombination ist der Grund für die Härte, mit der Linkshändigkeit im wahrsten Sinne des Wortes bekämpft wurde und teilweise noch bekämpft wird (Olsson/Rett 1989, 12). Kaum beachtet werden Hinweise von Fachleuten, dass diese Verbindung durch überwiegend klinische Untersuchungen entstanden ist. Wenn ursprünglich rechtshändige Menschen aufgrund eines Hirnschadens die rechte Hand nicht mehr benutzen können, werden sie dadurch nicht linkshändig, sondern sie sind wegen eines krankhaften Prozesses gezwungen, die linke Hand einzusetzen. Die Beobachtungen an diesen Patienten wurden oftmals völlig undifferenziert auf Menschen übertragen, die aus einem anderen Grund ihre linke Hand bevorzugt benutzen: Sie haben die angeborene und gesunde Veranlagung dazu. Dieser folgenschwere Fehler hat früher zur rücksichtslosen Umerziehung geführt und nährt heute noch das verbreitete Vorurteil, alle linkshändigen Kinder hätten ganz spezifische Defizite und gehörten zur bemitleidenswerten Gruppe von Schülern, die ohne zusätzlichen Förderunterricht nicht zurechtkämen.

Manche Eltern werden deshalb von der Furcht beherrscht, ihr Kind könnte aufgrund der Bevorzugung seiner linken Hand ein Sorgenkind und in der Schule ein Außenseiter werden. Wissenschaftliche Forschungsberichte, die belegen, dass Linkshändigkeit ein völlig normales Phänomen ist, bleiben neben diesem mächtigen Gefühl bedeutungslos. Die Projektion des Wunsches, ein rechtshändiges Kind zu haben, kann so stark sein, dass die offensichtliche Linkshändigkeit des Kindes von seinen Eltern nicht als solche anerkannt wird. Es könne doch so viel mit rechts, und eigentlich sei es eher beidhändig und nicht richtig linkshändig. Qualifizierte Beratung wird nicht in Anspruch genommen, stattdessen liefert diese Argumentation nicht selten schon weit vor dem Einschulungstermin den Freifahrschein zur *sanften Umschulung*. Der damit verbundene Eingriff in den Handgebrauch verletzt jedoch nicht nur das Selbstverständnis und die Seele des Kindes, sondern manipuliert und destabilisiert Abläufe in seinem Gehirn, das dadurch bleibend geschädigt werden kann (siehe Kap. 6).

Die inneren Widerstände gegen die Linkshändigkeit werden nur dann überwunden, wenn sich Eltern dieser Zusammenhänge bewusst werden. Tief sitzende Ängste und Sorgen, die durch alte und neue Vorurteile immer noch sehr lebendig sind, müssen durch sachliche Informationen ersetzt werden. In diesem Sinne ist noch viel Aufklärungsarbeit zu leisten, bis das Basiswissen über Ursachen, Entwicklung und Unterstützung der angeborenen Linkshändigkeit zum Allgemeingut unserer Gesellschaft geworden ist.

2 Linkshändigkeit aus wissenschaftlicher Sicht

Grundlagen zum Verständnis der Händigkeit

Die Hirnforschung der vergangenen Jahrzehnte erbrachte tief greifende Erkenntnisse über Aufbau und Funktion unseres Gehirns. Obwohl wir bisher nur etwa fünf Prozent unseres Steuerungsorgans wirklich verstanden haben, liefert die junge Disziplin der kognitiven Neurowissenschaft wertvolle Ergebnisse über die Mechanismen unserer höheren geistigen Fähigkeiten. Erlaubten im 19. Jahrhundert Krankheiten und Verletzungen bestimmter Hirnregionen erstmals Rückschlüsse auf deren Funktion, kann man heute über bildgebende, computergestützte Verfahren die faszinierenden Zusammenhänge zwischen der sichtbaren Leistung eines Menschen und zerebralen Vorgängen darstellen.

Unser Gehirn besteht aus verschiedenen Bereichen, die beim gesunden Menschen harmonisch und geregelt zusammenarbeiten. Die stammesgeschichtlich älteren Teile steuern unsere unbewussten Lebensfunktionen. Die Großhirnrinde ist der jüngste Teil, eine stark gefaltete Nervengewebsschicht, die sich wie ein Mantel um die anderen Hirnregionen legt. Alle höheren Funktionen, die Fähigkeit zur Sprache, unser bewusstes Denken und Handeln und nicht zuletzt die Merkmale unserer Persönlichkeit haben dort ihren Ursprung. Für das Verständnis der Rechts- oder Linkshändigkeit eines Menschen sind Bau und Arbeitsweise der Großhirnrinde von Bedeutung. Sie besteht aus zwei Hälften (Hemisphären), die über den so genannten

Balken (Corpus callosum) miteinander in Verbindung stehen. Zwischen den Hemisphären besteht Arbeitsteilung, d.h. obwohl die Gehirnhälften äußerlich weitgehend symmetrisch wirken, hat jede ihre spezifischen Aufgabenbereiche.

Komplexe Funktionen bewältigt unser Gehirn jedoch nur, wenn beide Hemisphären auch gut zusammenarbeiten. Informationen aller Sinnesorgane können so koordiniert verarbeitet und in ebenso koordiniertes Verhalten umgesetzt werden.

Die **linke Hemisphäre**, die für die sensorischen und motorischen Funktionen der rechten Körperseite zuständig ist, ist Sitz intellektueller Fähigkeiten. Mit ihrer Hilfe können wir analytisch und sprachlich-logisch denken, zeitliche Abfolgen erkennen und planen, Sprache in grammatikalisch richtiger Weise verarbeiten, in Abstraktionen denken und formulieren.

Die **rechte Hemisphäre** ist zuständig für die Steuerung der linken Körperhälfte. Sie ermöglicht es uns, synthetisch und ganzheitlich zu denken und komplexe Zusammenhänge

linke Hemisphäre (rechte Körperseite)	Corpus callosum	**rechte Hemisphäre** (linke Körperseite)
Sprachzentrum sprachliche Sinnerfassung der Worte, Wortschatz, besonders abstrakte Begriffe Grammatik	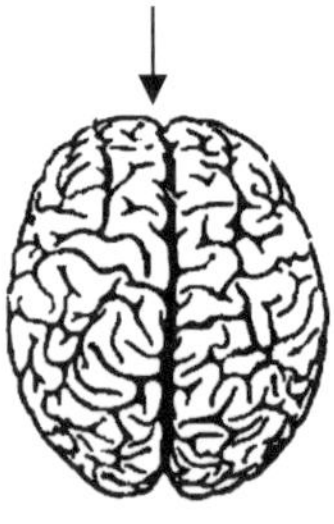	Raum und Perspektive körperliche Vorstellung im Raum synthetisches, ganzheitliches Denken, beziehungsreich und gleichzeitig
analytisches, logisches Denken (sprachlich), linear Zeit		bildhafte Vorstellung Erkennen von Gesichtern Melodiegedächtnis sprachfreie soziale Wahrnehmung Gefühlsverständnis Ausdrucksverständnis
Intellekt		Intuition

Abb. 1: Modellvorstellung der Hemisphärenspezialisation (vereinfachte Darstellung nach Sattler 1996a, 38)

auch intuitiv, nicht-sprachlich, zu erfassen. Raum und Perspektive werden durch die rechte Hemisphäre wahrgenommen, wir orientieren uns mit ihrer Hilfe, können in Bildern denken und Gesichter und Formen von Gegenständen (wieder-)erkennen. Diese Gehirnhälfte lässt uns Musik verarbeiten, aber auch die Melodie einer Stimme wahrnehmen und unseren gesprochenen Worten durch die richtige Betonung Ausdruck verleihen. Sie ist außerdem Sitz unseres Gefühlsverständnisses.

Die Einteilung unseres Großhirns in Funktionszentren wird auch als *funktionelle Asymmetrie* bezeichnet. Damit alle Vorgänge reibungslos ablaufen können, muss die arbeitsteilige Zusammenarbeit der Gehirnhälften organisiert werden. Die verbindende Struktur des Corpus callosum übernimmt diese wichtige Kontrolle und Regulierung des Datentransfers und die Integration der Informationen. Der Neurologe Roger W. Sperry erhielt 1981 zusammen mit David Hubel und Thorsten Wiesel den Nobelpreis im Fachbereich Medizin für seine richtungsweisenden Entdeckungen zur Bedeutung dieser Hirnstruktur.

Ursachen der Rechts- oder Linkshändigkeit

Die genetisch vorgegebene Bevorzugung einer Hand muss gegenüber einer beidhändigen Veranlagung in der stammesgeschichtlichen Entwicklung des Menschen von Vorteil gewesen sein, sonst hätte die natürliche Selektion ein beidhändiges Prinzip hervorgebracht. Durch die Spezialisierung auf eine manipulierende und eine untergeordnete, zuarbeitende Hand konnten Fertigkeiten wesentlich schneller erlernt und automatisiert werden.

M. Sovác vermutet, dass sich in der Evolution die Händigkeit zusammen mit der Fähigkeit zur Sprache ausbildete, die ausschließlich dem Menschen vorbehalten sei

(Sovác 1968, 53). Neuere Untersuchungen deuten dagegen darauf hin, dass es auch bei Primaten eine mit dem Menschen vergleichbare Händigkeit geben könnte (Springer/Deutsch, 1998, 212f). Werkzeugfunde aus der Steinzeit, die für den einhändigen Gebrauch hergestellt waren, legen nahe, dass damals Rechts- und Linkshändigkeit etwa gleich verteilt vorkamen (Sarasin 1918).

Zur Frage nach der Ursache der Linkshändigkeit des Menschen gab es im Laufe der Jahrhunderte eine Reihe erstaunlicher Erklärungsversuche und Feststellungen. In Europa veröffentlichte der einflussreiche Freud-Schüler, Wilhelm Fließ, Linkshändigkeit hänge mit einem unnatürlich hohen Anteil an Eigenschaften des jeweils anderen Geschlechts zusammen und wäre ein Zeichen von Degeneration (Fließ 1923). Der amerikanische Professor der Psychiatrie Abram Blau machte noch 1946 mit einer vernichtenden Hypothese von sich reden, Linkshändigkeit sei „Ausdruck eines infantilen Negativismus“, der auf die Neigung zu allgemeinen „Perversionen“ hinweise (Blau 1946, zitiert nach: Barsley 1966, 206). Obwohl Fließ und Blau ihre Behauptungen weder genau überprüft hatten noch die Zusammenhänge wissenschaftlich beweisen konnten, hatten sie verheerende Auswirkungen auf die Haltung der damaligen Fachwelt gegenüber Linkshändern.

Was sagt nun die moderne Wissenschaft zur Ursache der Händigkeit? Man muss unser Gehirn etwas näher betrachten, um diese Frage zu klären. Die Bewegungen unserer linken bzw. rechten Hand werden vom motorischen Zentrum der dazu gegenüberliegenden Gehirnhälfte gesteuert. Was äußerlich einen sehr symmetrischen Eindruck macht, bestätigt sich selten in der funktionellen Leistungsfähigkeit der Hände. Wir gebrauchen unsere Hände normalerweise nicht völlig gleichwertig. In aller Regel bevorzugen wir eine Hand für bestimmte Tätigkeiten, besonders, wenn die Aufgabe hohe Anforderungen an unsere Feinmotorik stellt. Wird die rechte Hand bevorzugt, bezeichnen wir uns als Rechtshänder, wenn sich die linke Hand als die geschicktere zeigt, als Linkshänder. Die Handbevorzugung ist das wohl offensichtlichste Zeichen der arbeitsteiligen Spezialisierung der menschlichen Gehirnhälften.

Ob wir Rechts- oder Linkshänder sind, wird also von unserem Gehirn bestimmt und steht schon bei der Geburt fest, ohne dass es in dieser Entwicklungsphase sichtbar wäre. Auch ein frühes Training der rechten Hand des linkshändigen Kleinkindes führt nicht dazu, dass sich dadurch die Verhältnisse in seinem Kopf umkehren, und man es dadurch zum Rechtshänder erziehen könnte. So

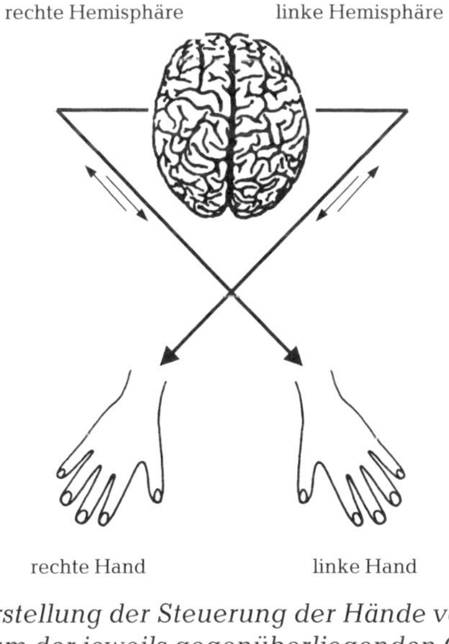

Abb. 2: Darstellung der Steuerung der Hände vom motorischen Zentrum der jeweils gegenüberliegenden Gehirnhälfte

wie ein kleiner Junge nicht dadurch zum Mädchen wird, dass er Kleider trägt, wird ein Linkshänder nicht zum Rechtshänder, wenn er mit der rechten Hand schreiben lernt. Derartige Manipulationen der natürlichen Handbevorzugung wirken sich langfristig sehr negativ auf unser Gehirn aus. Die möglichen Folgen eines solchen Eingriffs haben unzählige Linkshänder erlebt, die freiwillig oder unter Zwang mit der rechten Hand schreiben gelernt haben. Diesen Zusammenhängen ist deshalb ein eigenes Kapitel gewidmet.

Heute zweifeln Wissenschaftler kaum noch daran, dass der Ursprung der natürlichen Linkshändigkeit genetischer Natur ist. Bisher verhinderte vor allem die schwierige und uneinheitliche Testmethodik der Händigkeit aussagekräftige Statistiken, die man als allgemein gültige Grundlage für genetische Modelle verwenden könnte. Von molekulargenetischen Untersuchungen zu Händigkeitsfragen sind wir noch weit entfernt.

Wie viele Linkshänder gibt es?

Die Angaben über die Häufigkeit von Linkshändern schwanken stark. Hochrechnungen aus diversen Untersuchungen ergeben Bevölkerungsanteile an Linkshändern von etwa 3,5 Prozent (Annett 1967), über 22 Prozent (Otte-Schacht 1993) bis zu 50 Prozent (Sovák 1968). Diese sehr unbefriedigende statistische Streuung ergibt sich aus den unterschiedlichen Verfahren, die zu den jeweiligen Statistiken geführt haben. Wurde nur die Schreibhand als Kriterium zur Einordnung als Linkshänder verwendet, oder wurde umgeschulte Linkshändigkeit auch berücksichtigt? Kamen die Ergebnisse aus anonymen Fragebogenaktionen, oder wurde eine ausführliche, individuelle Händigkeitsdiagnostik durchgeführt? Wurden die Testpersonen aus der Normalbevölkerung oder aus dem klinischen Bereich ausgewählt, und wurde vielleicht nur ein bestimmter Altersbereich herangezogen?

Geringe Prozentzahlen ergeben sich, wenn z. B. die oft angewendete Methode der *Selbsteinschätzung* gewählt wurde. Umgeschulte Linkshänder, die mit der rechten Hand schreiben und sich deshalb oft fälschlicherweise zur Kategorie ‚rechtshändig' oder ‚beidhändig' einordnen, können eine solche Statistik deutlich verzerren. Dies stellt im Übrigen nicht nur die Aussage über die Häufigkeit von Linkshändern in der betrachteten Gruppe in Frage, sondern auch die Schlussfolgerungen der Untersuchungen, die sich auf diese statistischen Erhebungen stützen. Systematische Fehler dieser Art haben zu äußerst fragwürdigen Aussagen über Linkshänder geführt (Sattler 1994, 111 ff).

Pädagogen berichten vielfach, dass der Anteil an linkshändig schreibenden Kindern in unseren Schulen zunimmt. Gründe dafür sind sicherlich die größere gesellschaftliche Toleranz gegenüber linkshändigem Schreiben und modernere, wesentlich differenziertere Methoden der Händigkeitsdiagnostik.

Man kann davon ausgehen, dass der Anteil von Linkshändern an der Gesamtbevölkerung wesentlich höher liegt als allgemein angenommen. Linkshändige Kinder können folglich nicht mehr als eine vernachlässigbare Minderheit betrachtet werden, für deren Unterstützung allein die Familie die Verantwortung trägt; ihre Unterstützung ist ein gesellschaftlicher Auftrag geworden.

3 Wann entwickelt sich die Händigkeit?

Die motorische Entwicklung des Kindes unter dem Aspekt der Händigkeit – ein Überblick

Die Entwicklung einer dominanten Hand ist unmittelbar mit den Meilensteinen der motorischen Gesamtentwicklung verknüpft und Zeichen eines Reifungsprozesses des Gehirns. Ein „nicht geringer Prozentsatz von Kindern" (Döring/Hellbrügge 1990, 222) erleidet bei der Geburt eine Schädigung der Koordinationszentren im Gehirn, die krankhafte Bewegungsmuster entstehen lässt (Bobath/Bobath 1998, 4f). Die altersgemäße Ausbildung der Handbevorzugung im Rahmen der Entwicklung der Handgeschicklichkeit setzt einen normalen Ablauf der kindlichen Entwicklung voraus und kann durch verschiedenste Störungen verzögert oder sogar blockiert werden. Die Folge kann wechselnder Handgebrauch sein, der öfter auch als „Beidhändigkeit" bezeichnet wird.

In den ersten Lebensmonaten wird die Bevorzugung einer Hand noch nicht sichtbar. Um bewusst und gezielt greifen zu können, muss das Kleinkind verschiedene reflektorische Bewegungsmuster überwinden, die ihm in der ersten Phase seiner frühen Entwicklung nützlich waren. An ihre Stelle treten reife, kontrollierte Bewegungsabläufe. Besonders wesentliche Stadien für die Ausbildung der Händigkeit sind die Fähigkeit, die Hände in der Körpermitte zusammenzuführen (4. Monat), Gegenstände wechselseitig von einer Hand in die andere zu übergeben

(6. Monat) und die Phase des kreuzkoordinierten Krabbelns (9. Monat). Verzögerungen in der natürlichen Heranreifung einer eindeutigen Händigkeit zeigen viele Kinder, die nicht oder nur kurz krabbeln oder in dieser Phase eine andere Art der Fortbewegung vorziehen: robben, sich auf dem Po rutschend fortbewegen, asymmetrisches Krabbeln mit Nachschleifen eines Beins oder andere Bewegungsmuster, die von Eltern oft als komisch bezeichnet werden.

Der natürliche bilaterale (beidseitige) Gebrauch der Hände nimmt schon nach dem 7. Monat ab (Bobath/Bobath 1998, 11). Manchen Eltern fällt diese Veränderung auf, besonders, wenn ihr Kind unerwartet oft die linke Hand einsetzt. Deutlicher erkennbar manifestiert sich die Linkshändigkeit im zweiten Lebensjahr (Sattler 2001a, 142, Sovák 1968, 55).

Bis wann ist beidhändiges Hantieren als normaler Reifungsprozess anzusehen, und ab welchem Zeitpunkt der Entwicklung weist es auf eine Störung hin? Dazu sollen im folgenden Kapitel Anhaltspunkte zur Beobachtung des Kindes gegeben werden.

Abb. 3: Manifestation der Linkshändigkeit

Meilensteine der motorischen Entwicklung bis zur Schulreife

Die folgende Darstellung gibt ausgewählte Aspekte der motorischen Entwicklung bis zur Schulreife des Kindes vereinfachend wieder, um Eltern die Möglichkeit zu geben, sich über die Beziehung zwischen bestimmten Bewegungskomponenten und der Händigkeit zu orientieren. Andere wichtige Bereiche der kindlichen Entwicklung (Wahrnehmung, kognitive Entwicklung) werden im Folgenden nicht berücksichtigt (Pauli/Kisch 2002, 12ff). Die Altersangaben sind stets als Richtwerte zu betrachten, von denen es individuelle Abweichungen geben kann, die nicht zwangsläufig Entwicklungsverzögerungen anzeigen. Denn ein Kind entwickelt sich häufig in Schüben, in denen einer ruhigen Phase scheinbarer Stagnation eine Phase sehr schneller Forschritte nachfolgen kann.

1. Monat: Der Säugling liegt gern seitlich, auf dem Rücken oder auf dem Bauch. Die noch unkoordinierten Bewegungen seines Körpers sind weitgehend von Reflexen bestimmt. Auf dem Bauch liegend kann er den Kopf anheben und zur anderen Seite drehen. Die Hände sind meist zur Faust geschlossen oder werden nur reflektorisch geöffnet. Ein zielgerichtetes Bewegen der Hände zum Mund ist noch nicht möglich.

2. Monat: Der Säugling strampelt mit beiden Beinen symmetrisch und bewegt sich schon lebhafter. Aus der Bauchlage kann der Kopf kurzzeitig angehoben werden. Seine Hände können sicherer zum Mund geführt werden (Hand-Mund-Koordination). Sie sind locker gefaustet und öffnen sich bei Berührung. Ein Finger oder Spielzeug wird umklammert, kann aber nicht willkürlich losgelassen werden (Greifreflex).

3. Monat: Die Entwicklung geht schnell voran. Ständig übt der Säugling seine Bewegungen. Inzwischen kann er sich sicher auf seine Ellenbogen stützen (Ellbogen-Unterarmstütz) und verfügt über eine gute Kopfkontrolle. Die Hände sind überwiegend geöffnet. Gibt man ihm etwas in die Hand, wird es festgehalten und eher unbeabsichtigt wieder losgelassen. Der Säugling zupft an der Bettdecke oder an Kleidung, wenn er damit zufällig in Berührung kommt (taktiles Greifen), und ein erstes Fingerspiel wird beobachtet. Mehr zufällig werden die Hände in der Körpermitte zusammengeführt.

4. Monat: Die Kopfkontrolle ist vollständig entwickelt. Der Ellbogen-Unterarmstütz wird mit viereinhalb Monaten auch einseitig gehalten. Der Säugling greift nach Gegenständen, die über ihm hängen, und spielt damit mit beiden Händen. Die Hände kommen ins Blickfeld und werden auf der Körpermittellinie zum ersten Mal bewusst zusammengeführt, sie spielen immer öfter miteinander (Hand-Hand-Koordination). Dies ist eine sehr wichtige Voraussetzung für die weitere Reifung der Händigkeit. In dieser Altersstufe bewegt der Säugling noch keine Körperseite bevorzugt. Beobachtet man ausschließlich einseitiges Strampeln, oder wird stets nur ein Arm gestreckt, sollte mit dem Kinderarzt darüber gesprochen werden.

5. Monat: Der Säugling kann aus der Bauchlage sein Gewicht auf einen Arm verlagern und mit der freien Hand gezielt Gegenstände ergreifen. Er ‚schwimmt' jetzt gerne: Arme und Beine werden gleichzeitig angehoben (Gewichtsverlagerung). Er rollt sich von der Bauch- in die Rückenlage und winkelt seine Arme an, wenn er hochgezogen wird. Die Hände greifen gezielt nach einem Gegenstand, Daumen und Finger umschließen ihn, dann erst kommt die zweite Hand dazu, um ihn ebenfalls zu betasteten.

6. Monat: Das Kind beherrscht das Drehen von beiden Seiten ausgehend, aus der Bauch- in die Rückenlage und umgekehrt. Aus der Bauchlage kann es Brust und Bauch schon etwas von der Unterlage abheben, die abstützenden Hände sind geöffnet (Handstütz). Spielzeug wird jetzt auf der Körpermittellinie von einer Hand in die andere übergeben. Da die Gehirnhälften noch nicht ausreichend zusammenarbeiten, lässt es einen Gegenstand fallen, wenn es einen anderen ergreift. Kleine Objekte werden mit gestrecktem Daumen, Zeige- und Mittelfinger gegriffen (beginnender Flachzangengriff).

7. Monat: Den Körper zu drehen macht nun keine große Mühe mehr, und das Kind versucht, über seitliches Rollen Gegenstände zu erreichen. In Bauchlage schiebt es sich nach hinten. Zwei Gegenstände können gleichzeitig mit beiden Händen gehalten werden. Fallen sie aus der Hand, werden sie wieder ergriffen und gerne mit lautem Krach auf die Unterlage oder gegeneinander geklopft.

8. Monat: In Bauchlage dreht sich das Kind jetzt um die eigene Achse und beginnt, vorwärts zu robben. Es kann zwei Gegenstände nacheinander mit einer Hand ergreifen, klatscht in die Hände, wirft Dinge hinunter (absichtliches Loslassen), und kleine Gegenstände werden im Flachzangengriff aufgenommen.

9. Monat: Das Kind kommt robbend gut vorwärts und übt zur Vorbereitung auf das Krabbeln den Vierfüßlerstand. Gelingt dies, möchte es auch Treppen hinaufkrabbeln. Das Gleichgewicht wird im Sitzen stabil gehalten. Seine Hände kann es einzeln und zusammen sicher bewegen und damit Bewegungsabläufe nachahmen. Kleine Dinge werden zwischen gestrecktem Daumen und Zeigefinger (Pinzettgriff) gehalten. Das Kind fängt an, mit den Händen selbst zu essen. Bei dieser Tätigkeit fällt manchen Eltern auf, dass ihr Kind dazu die linke oder rechte Hand bevorzugt verwendet.

10. Monat: Krabbelnd werden Räume erforscht, und das Kind beginnt, sich über den Einbeinkniestand hochzuziehen. Schubladen werden geöffnet, ihr Inhalt wird ausgeräumt, Gegenstände werden untersucht und gedreht, und kleine Dinge werden mit gekrümmtem Daumen und Zeigefinger gehalten (Kneifzangen- oder Zangengriff). Das Kind isst weiterhin gerne mit den Händen und trinkt aus einer Kindertasse, die es mit beiden Händen hält.

11. Monat: Als Vorbereitung zum freien Gehen läuft das Kind nun seitlich an Möbeln entlang. Es versucht, mit einem Löffel zu essen, was noch nicht besonders gut gelingt. Vor allem wenn das Kind den Löffel gerne in der linken Hand hält, stellt sich für viele Eltern die Frage, ob ihr Kind linkshändig veranlagt sein könnte. Schon zu diesem frühen Zeitpunkt ist es wichtig, den natürlichen Handgebrauch des Kindes zu respektieren, um die Entwicklung der Handdominanz und Handgeschicklichkeit optimal zu fördern.

12. Monat: Mit Vorliebe schiebt das Kind jetzt kleine Möbel vor sich her, das Gehen gelingt einige Schritte weit, wenn das Kind an einer Hand gehalten wird. Es versucht, sich mit einem Waschlappen selbst zu waschen, trinkt allein aus einer Tasse und baut Türme aus zwei bis drei Bauklötzen. Es spielt gerne mit Spielzeug, das man auseinander nehmen und wieder zusammenbauen kann. Mit kleinsten Krümeln oder Fäden übt es weiter seine Geschicklichkeit.

12.–15. Monat: Das Kind kann frei stehen und in die Hocke gehen, ohne sich festhalten zu müssen. Beim Gehen ist das Gleichgewicht noch etwas labil. Der Gebrauch von

‚Werkzeug' wird interessant: Das Kind übt ausdauernd, mit dem Löffel zu essen, und hantiert gerne mit Stöcken. Es beginnt, durch Nachahmung vieles zu lernen, und kritzelt manchmal spontan. Stifte werden dabei in der Faust oder im Pfötchengriff gehalten. Oft wird das Kritzeln noch mit beiden Händen ausprobiert. Wie bei der Benutzung des Löffels sollte es dem Kind freigestellt sein, mit welcher Hand es den Stift führt.

15.–18. Monat: Auch auf unebenem Gelände läuft das Kind sicher, und es versucht auch, rückwärts zu gehen, während das Rennen noch nicht gut koordiniert gelingt. Das Kind klettert gerne und geht Treppen im Nachstellschritt, wobei es sich am Geländer festhält. Hauptsächlich lernt es noch durch Nachahmung, unternimmt aber auch schon eigene Experimente. Es hantiert sehr häufig und kann einfache Speisen mit dem Löffel essen.

1,5–2 Jahre: Das Kind ist sehr aktiv, rennt und klettert viel und versucht, auch schwierige Bewegungsabläufe zu beherrschen. Es balanciert gerne, hüpft mit beiden Beinen gleichzeitig eine Stufe hinunter und kann kurz auf einem Bein stehen (Einbeinstand). Es produziert schwungvolle Kritzelbilder. Der Stift wird meist noch in der Faust oder im Pfötchengriff gehalten. Da das Kind mit verschiedensten Gegenständen geschickt hantieren kann, und bei zweihändigen Tätigkeiten die Halte- und die Arbeitshand unterschieden werden können, wird die Rechts- bzw. Linkshändigkeit des Kindes immer deutlicher und stabiler.

2–2,5 Jahre: Das Kind geht im Wechselschritt die Treppe hoch. Es lernt Dreirad fahren. Durch die ständige Übung bestimmter, gleicher Bewegungsabläufe bilden sich immer mehr Automatismen. Die Handgeschicklichkeit wird differenzierter und gewandter. Das Kind isst jetzt selbstständig.

2,5–3 Jahre: Das Kind rennt sehr gern, kann längere Strecken Dreirad fahren und etwa eine Sekunde auf einem Bein stehen. Einen Softball fängt es mit beiden Armen. Die Geschicklichkeit der dominanten Hand wird weiter geübt.

3–3,5 Jahre: Schneiden mit einer Schere ist jetzt sehr beliebt. Schon jetzt ist es an der Zeit, eine Schere gemäß der Händigkeit zu besorgen, auch wenn das Kind vorerst nur schnipselt. Größere Knöpfe und Reißverschlüsse kann es schon selbst öffnen. Es malt gegenständlicher: Senkrechte und waagrechte Striche, Kreuze und Kreise werden benannt.

3,5–4 Jahre: Großräumiges Ausschneiden gelingt jetzt. Auch Werkzeuge wie Hammer und Schraubenzieher werden gern benützt. Die Malentwicklung macht Fortschritte: Kopf- oder Gliederfüßler entstehen, deren Arme oft noch am Kopf ansetzen. Die Grobmotorik des Kindes ist sicherer geworden: Es turnt, balanciert und klettert geschickt. Es kann kurz auf einem Bein hüpfen.

4–4,5 Jahre: Das Kind fängt einen Ball mit beiden Händen und kann jetzt auch kleine Perlen sicher auffädeln. Beim Malen wird der Stift im Dreipunktgriff gehalten (siehe Erläuterungen zum entspannten Schreiben in Kapitel 8), und erste Schrägen (Dächer, Kleidung) werden in das Bild eingebaut.

Ist im Alter von vier Jahren der Handgebrauch noch unsicher, sollte dies z.B. im Rahmen der Vorsorgeuntersuchung beim Kinderarzt (U8) angesprochen werden, da es sich um eine Störung handeln könnte, die auf eine motorische Entwicklungsverzögerung hinweist.

4,5–5 Jahre: Das Gleichgewicht ist gut ausgeprägt: Das Kind schaukelt im Sitzen und im Stehen, hüpft einige Meter auf einem Bein und kann fünf Sekunden lang auf einem Bein stehen. Ein Ball wird auch aus vier Metern Entfernung sicher gefangen, und es lernt Rollschuh laufen und Rad fahren.

5–6 Jahre: Im sechsten Lebensjahr lernt das Kind, seine Schnürsenkel selbstständig zu binden. Manche linkshändigen Kinder lernen das Binden einer Schleife wesentlich schneller, wenn sie mit gespiegeltem Bewegungsablauf angeleitet werden (Hinweise im Anhang). Linkshänder schreiben ihren Namen häufig in allen Varianten der Spiegelschrift. Das Verdrehen einzelner Buchstaben kommt manchmal auch bei Rechtshändern vor, meist jedoch wesentlich weniger ausgeprägt. Konzentration und Ausdauer nehmen zu, und die Malentwicklung kommt so weit voran, dass auch kleine Muster, Schlaufen und Wellen gezeichnet werden können: Das Kind wird schulreif.

4 Linkshänder? Rechtshänder? ‚Beidhänder'?

Der instabile Handgebrauch und seine möglichen Ursachen

Ist nicht deutlich, welche Hand ein Kind bevorzugt, spricht man von wechselndem oder instabilem Handgebrauch. Manchmal wird in älterer Literatur für die beschriebenen Beobachtungen die Bezeichnung beidhändig benutzt. Dieser Begriff ist sehr irreführend, denn er besagt, dass die Hände völlig gleichwertig benutzt werden und weder in der Präferenz noch in der Leistungsfähigkeit der Hände ein Unterschied besteht (Kramer 1961, 109). Oft stellt sich bei gründlicher Händigkeitsuntersuchung heraus, dass es sich bei den ‚Beidhändern' um rechtshändig bzw. linkshändig veranlagte Menschen handelt, die aus individuell unterschiedlichen Gründen bei den betrachteten Tätigkeiten die Hände wechselnd gebrauchen. Ausdrücklich betont sei in diesem Zusammenhang, dass das bewusste feinmotorische Training der rechten und linken Hand beim beidhändigen Malen oder Schreiben den Aufbau einer gesunden Arbeitsteilung im kindlichen Gehirn stört. Dies widerspricht der landläufigen Meinung, beidhändiges Schreiben mache intelligenter, da es die nicht-dominante Hirnhälfte aktiviere.

Um die Handbevorzugung im Alltag zu überprüfen, muss neben den Kulturtechniken wie Essen mit Besteck, Malen und Schreiben auch besonders das spontane Hantieren des Kindes im freien Spiel in die Beobachtung mit einbezogen werden. Nicht selten hantieren linkshändig veran-

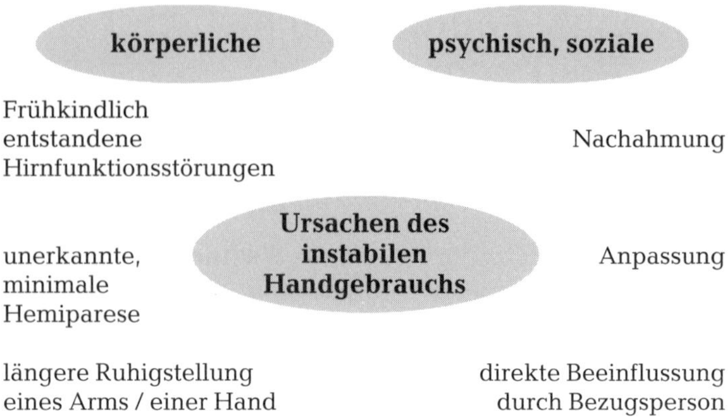

Abb. 4: Mögliche Ursachen des instabilen Handgebrauchs

lagte Kinder bei gelernten Tätigkeiten, die von Erziehung und Nachahmung stark beeinflusst sein können, mit der rechten Hand, dagegen im spontanen Handlungsbereich bevorzugt mit mit der linken. Manchmal fällt auch auf, dass während eines Arbeitsgangs die führende Hand immer wieder gewechselt wird. In jedem Fall ist es ratsam, nach den Ursachen für diese Beobachtungen zu suchen, um Klarheit über die noch verborgene rechts- oder linkshändige Veranlagung des Kindes zu gewinnen.

Die Gründe, wie es zum instabilen Handgebrauch kommen kann, sind vielfältig. Meist greifen verschiedene Störungen ineinander, verstärken sich gegenseitig und können gerade bei linkshändig veranlagten Kindern zu einem sehr uneinheitlichen Bild der Handbevorzugung führen.

Es ist bekannt, dass belastende Faktoren vor, während oder unmittelbar nach der Geburt Auswirkungen auf die kindliche Entwicklung haben können. Ein Beispiel ist das

Erleiden eines Sauerstoffmangels während der Geburt, der das hochempfindliche Gehirn des Kindes je nach Dauer des Mangels mehr oder weniger stark belastet oder sogar messbar schädigen kann. Erkennbar wird der Mangel über die direkte Feststellung des Sauerstoffgehaltes des kindlichen Blutes während der Geburt, Auffälligkeiten bei der Aufzeichnung der Herztonfrequenz und/oder einer kurzzeitigen bläulichen Verfärbung der Haut des Neugeborenen. Viele dieser Kinder entwickeln sich völlig unauffällig. Obwohl keine neurologischen Ausfälle festgestellt werden, zeigen sich jedoch bei anderen Kindern im Laufe der Zeit Symptome, die häufig unter dem Begriff minimale zerebrale Dysfunktion oder **Frühkindlich entstandene Hirnfunktionsstörungen** zusammengefasst werden. Zentrale Anzeichen dieses Phänomens sind „motorische Ungeschicklichkeit, Hyperkinese, Konzentrations- und Aufmerksamkeitsstörungen und Störungen der Impulskontrolle". Weitere mögliche Symptome sind u. a. Gleichgewichtsprobleme und „gestörte Dominanzverhältnisse" (Lösslein/Deike-Beth 2000, 59). Manche Kinder hantieren deshalb noch längere Zeit verstärkt mit beiden Händen, bis sich ihre Rechts- oder Linkshändigkeit eindeutig manifestiert (Sattler 1999a, 99).

Als **Hemiparese** wird die unvollständige Lähmung einer Körperseite bezeichnet, die in verschiedenen Schweregraden vorkommen kann und durch eine Schädigung des Gehirns (z.B. bei der Geburt) verursacht wird. Sichtbar wird eine deutlich ausgeprägte Hemiparese an der schon in den ersten Lebensmonaten zu beobachtenden *Seitendifferenz* des Kindes: Es greift fast ausschließlich mit der gesunden Hand, die nicht unbedingt die ursprünglich dominante Hand sein muss (Kesper/Hottinger 2002, 77f). Leichtere Formen bleiben manchmal unerkannt, verzögern jedoch oft die Entwicklung der eindeutigen Handbevorzugung. Dies macht auch die Grenzen unserer heutigen Händigkeitsdiagnostik deutlich: Bevor eine Aussage über die natürliche Rechts- oder Linkshändigkeit der Betroffenen gemacht werden kann, muss eine geeignete Therapie die Störung grundlegend und umfassend behandeln. Auch die **längere Ruhigstellung eines Arms oder einer Hand** (z.B. durch einen Gipsverband) bei sonst störungsfreier Entwicklung kann zu wechselndem Handgebrauch führen. Ist die dominante Hand betroffen, versucht das Kind, mit der anderen Hand zurechtzukommen, und gewöhnt sich daran, mit der nicht-dominanten Hand zu hantieren, zu schneiden oder zu malen. Bleibt es auch dabei, wenn die dominante Hand wieder frei beweglich ist, kann auch dies zum Bild einer nicht eindeutigen Händigkeit führen.

Neben den beschriebenen körperlichen Ursachen können sich psychische oder soziale Faktoren auf die Bevorzugung einer Hand auswirken. Einer der stärksten Antriebe, die uns die Natur mitgegeben hat, ist das Erlernen von Tätigkeiten und Verhaltensweisen durch **Nachahmung** und **Anpassung**. Nicht selten orientieren sich linkshändig veranlagte Kinder gerade bei Kulturtechniken wie Essen, Malen oder Schreiben an Vorbildern aus der Familie oder anderen geliebten Bezugspersonen. Häufig sind es gerade die intelligenten, wachen linkshändigen Kinder, die genau beobachten und bei diesen Tätigkeiten ganz bewusst auf den Gebrauch der rechten Hand achten (Sattler 1999a). Besonders bedenklich ist es, wenn die Kinder ihre Linkshändigkeit als etwas Störendes erleben, das Eltern oder anderen wichtigen Bezugspersonen Ärger, Sorgen oder zusätzliche Mühe bereitet. Viele Kinder spüren auch die Unsicherheit der Eltern, die befürchten, ihr Sohn oder ihre Tochter könnte es in Schule und Berufsleben schwer haben. Wird in der Familie oder im Kindergarten darüber gesprochen und eine sorgenvolle oder sogar ablehnende Haltung eingenommen, kann dies ein einschneidendes Erlebnis für das Kind sein. In der Folge bemüht es sich vielleicht aktiv, kein Linkshänder mehr zu sein, und gewöhnt sich bewusst den Gebrauch der rechten Hand für Tätigkeiten an, die ihm wichtig erscheinen.

Ein weiterer Faktor, der meist ganz entscheidend zum bevorzugten Gebrauch der rechten Hand bei linkshändigen Kindern führt, ist selbstverständlich die **direkte Beeinflussung durch Bezugspersonen**. Schon die Aufforderung, es doch mal mit der rechten Hand zu versuchen, kann ausreichen, ein linkshändiges Kind zum Gebrauch der rechten Hand für diese Tätigkeit zu veranlassen. Leider vergessen viele Eltern oder Pädagogen oft, dass das Kind ursprünglich die linke Hand bevorzugte, und halten es für eindeutig rechtshändig – mit weitreichenden Folgen, wenn es daraufhin mit der rechten Hand schreiben lernt (siehe Kap. 6).

Was tun bei instabilem Handgebrauch?

Der instabile Handgebrauch wird oft als ‚Beidhändigkeit' interpretiert und von vielen Menschen als Vorteil gegenüber einer Einseitigkeit betrachtet. Dem gegenüber stehen Erkenntnisse aus Bereichen der Medizin, Psychologie und Motologie, die sich mit neurologischen und motorischen Entwicklungsstörungen bei Kindern beschäftigen: Benutzt ein Kind in diesem Sinne beide Hände, so ist dies Zeichen einer herabgesetzten Spezialisierung der Gehirnhälften, und es wird mit beiden Händen nicht die Geschicklichkeit entwickeln, die ein normales Kind mit Spezialisierung einer Hand besitzt (Ayres 1998, 114). Darüber hinaus kann das ständige Wechseln der Arbeitshand als diagnostisches Merkmal für Teilleistungsstörungen und Entwicklungsverzögerungen herangezogen werden, die in jedem Fall behandlungsbedürftig sind, auch in Fällen, wenn sie kaum auffallen oder, wie es gerade bei Mädchen vorkommen kann, scheinbar gut kompensiert werden (Sattler 2001a, 143).

Wie sollen sich Eltern und Pädagogen verhalten, wenn ein Kind wechselnd hantiert und kein einheitliches Bild der Handbevorzugung erkennbar ist? Grundsätzlich sollte der Handgebrauch des Kind nicht beeinflusst, aber weiter beobachtet werden. Konkret bedeutet dies, dass Gegenstände nicht in die rechte oder linke Hand gegeben, sondern immer in Körpermitte gereicht werden sollten. Dies soll die natürliche Entwicklung der Links- oder Rechtshändigkeit des Kindes möglich machen. Auch beim Tischdecken sollte darauf geachtet werden, dass die Lage des Bestecks nicht den Gebrauch mit der rechten oder linken Hand erzwingt, dasselbe gilt für die Position der Stifte beim Malen. Denn viele Kinder mit wechselndem Handgebrauch vermeiden es, über die Körpermitte zu greifen. Sie hantieren vorwiegend seitenabhängig: Liegt der Löffel rechts, wird mit der rechten Hand gegessen, liegt er links, mit der linken Hand. Bilder werden auf der rechten Seite mit rechts, auf der linken Seite mit links gemalt, und der Handwechsel erfolgt bisweilen auch beim Ausschneiden mit der Schere. Allgemein malen und basteln Kinder im Kindergarten eher ungern und ziehen die Bauecke oder die Puppenstube dem Maltisch vor. Es ist äußerst wichtig, dass in diesem Stadium nicht die Benutzung einer Hand (meist der rechten) zum Malen gefördert wird, weil der Eindruck entstanden ist, das Kind brauche diese Entscheidungshilfe. Auch sollte eine unterschiedliche Wertung der Hände (‚die schöne Hand') unterbleiben. Dieselben Empfehlungen gelten für die wechselnd hantierenden Kinder, die nicht seitenabhängig arbeiten. Eine Beeinflussung stellt einen Eingriff in die natürliche Entwicklung und Regeneration des kindlichen Gehirns dar, der bei linkshändig veranlagten Kindern zum Schreiben mit der rechten Hand und in direkter Folge zur Umschulungsproblematik führen kann (siehe Kap. 6).

Der Entwicklung auf die Sprünge helfen

Wie lange sollte man den wechselnden Handgebrauch nur beobachten, und wann ist die Rücksprache mit dem Kinderarzt zu empfehlen? Die Erfahrung zeigt, dass Eltern meist zu lange warten und viele Kinder mit nicht eindeutig entwickelter Rechts- oder Linkshändigkeit eingeschult werden. Betroffen sind Kinder, die beim Malen (und anderen Kulturtechniken) die rechte Hand bevorzugen, im freien Spiel allerdings die linke (seltener auch umgekehrt), oder Kinder, die auch noch nach der Einschulung immer wieder die Schreib- und Malhand wechseln. Nun ist Eile geboten, um über eine sorgfältige Händigkeitsdiagnostik die dominante Hand herauszufinden und im Anschluss daran die Feinmotorik dieser Hand therapeutisch zu fördern. Für diese Kinder wäre es weit weniger belastend, wenn spätestens zu Beginn des 5. Lebensjahres qualifizierte Beratung gesucht würde. Nach Klärung der jeweiligen Ursachen des instabilen Handgebrauchs kann daraufhin eine eventuell erforderliche Behandlung begonnen werden. Da immer mehr Kinder unter Bewegungsstörungen leiden, sind die Wartezeiten auf einen Therapieplatz häufig lang. Je nach individuellen Gegebenheiten wird z. B. Ergotherapie, Mototherapie oder Physiotherapie empfohlen. Langfristig sollen dadurch Blockaden gelöst und die motorische Gesamtentwicklung und damit auch indirekt die Ausprägung der Handdominanz gefördert werden. Bei stark seitenabhängig hantierenden Kindern, die es vermeiden, die Körpermittellinie zu überkreuzen, empfiehlt sich die Rücksprache mit dem Kinderarzt schon im vierten Lebensjahr. So hat das betroffene Kind durch die gezielte Therapie ausreichend Zeit, um noch vor dem geplanten Einschulungstermin die Feinmotorik seiner dominanten Hand zu entwickeln, und ist für die Anforderungen der Schule gerüstet. Auch eine ‚zufällige' Umschulung durch die willkürliche Wahl der Schreibhand ist damit ausgeschlossen.

5 Woran erkennt man Linkshändigkeit?

Wie Linkshändigkeit getestet wird

Bei den meisten Kindern ist es nicht schwer, Linkshändigkeit früh zu erkennen. Oft weisen schon die ersten spontanen Greifbewegungen darauf hin, und später, wenn das Kind beginnt, mit der linken Hand selbstständig zu essen und mit Spielzeug zu hantieren, wird die Veranlagung immer deutlicher. In solchen Fällen ist keine Händigkeitsuntersuchung notwendig.

Schwieriger wird es, wenn lange Zeit wechselnder Handgebrauch vorliegt und zu Hause und im Kindergarten Unsicherheiten über den richtigen Umgang damit bestehen. Besonders wenn der Einschulungstermin näher rückt, kommen Eltern und Kind zunehmend in Bedrängnis, denn eine willkürliche Festlegung auf die rechte Hand als zukünftige Schreibhand beinhaltet immer das Risiko einer ‚zufälligen' Umschulung.

Heutzutage sind verschiedenste Tests frei verfügbar. So wie sie beispielsweise versprechen, im Schnellverfahren zuverlässig den Intelligenzquotienten zu berechnen, lassen sich auch ‚Händigkeitstests' finden, die es ermöglichen sollen, innerhalb kürzester Zeit eine eindeutige Aussage zur angeborenen Händigkeit eines Menschen zu machen. Davor sei ausdrücklich gewarnt, denn eine seriöse Händigkeitsuntersuchung kann nur von einem Fachmann durchgeführt und ausgewertet werden. Denn neben der ausführlichen Beobachtung der Handbevorzugung bei verschiedensten Tätigkeiten müssen mögliche Ursachen des instabilen Handgebrauchs untersucht und im Ergebnis berücksichtigt werden: neurophysiologische Irritationen, der motorische Entwicklungsstand des Kindes, Störungen der Händigkeitsentwicklung durch die Umwelt oder das Modell- und Nachahmungsverhalten des linkshändigen Kindes. Auch die Frage nach Linkshändern in der Familie sollte als genetischer Aspekt der Händigkeit nicht fehlen (Sattler 2001a).

Wissenschaftler verschiedenster Fachrichtungen weisen aufgrund der Beeinflussbarkeit des natürlichen Handgebrauchs darauf hin, dass die mechanische Anwendung normierter Testmethoden, die im Sinne der klassischen Testtheorie entwickelt wurden, bei manchen Kindern unweigerlich zu Fehlern führen (Sovák 1968, Olsson/Rett 1989, Sattler 1994). Gerade die oft verwendeten Papier-Bleistift-Tests messen bei zum Malen bzw. Schreiben umgeschulten Linkshändern genau die Tätigkeit, die manipuliert wurde. Auch ist die ausschließliche Erfassung der Händigkeit auf der Basis relativer Geschicklichkeitsleistung nicht unproblematisch, da sich Linkshänder oft gezwungen sehen, Fertigkeiten mit der rechten Hand zu erlernen (Ullmann 1974, 95).

Von der Bevorzugung eines Fußes (Füßigkeit) kann nicht in jedem Fall auf die Händigkeit eines Menschen geschlossen werden, da der Fuß in der Regel wesentlich weniger feinmotorisch bedeutsame Bewegungen ausführen muss als die Hand. Zudem wirken sich die gerade bei jüngeren Kindern nicht seltenen Gleichgewichtsprobleme bei der Bestimmung der Füßigkeit verfälschend aus. Daher kann es sein, dass entgegen den Erwartungen beim Fußballspielen das dominante Bein zur Stabilisierung benutzt wird und der nicht-dominante Fuß den Ball kickt. Noch weniger Übereinstimmung besteht offensichtlich zwischen der Bevorzugung eines Auges (Äugigkeit) und eines Ohres (Ohrigkeit) mit der Händigkeit. Das früher geltende Konzept der durchgehenden ‚Seitigkeit' eines Menschen, das besagt, dass ein Linkshänder auch das linke Auge, das linke Ohr und den linken Fuß vorzieht, wird heute nicht mehr vertreten (dies gilt natürlich ebenso umgekehrt für Rechtshänder). Folglich können Abweichungen davon, die *gekreuzte Dominanz*, auch nicht mehr als Zeichen einer fehlerhaften Entwicklung gedeutet werden (Fisher et al. 1999, 291).

Kriterien zur Beobachtung des Kindes

Um Eltern und Pädagogen Hinweise zu geben, bei welchen Tätigkeiten ein Kind mit instabilem Handgebrauch im Rahmen eines kurzen Vortests beobachtet werden kann, werden in der nachfolgenden Aufstellung besonders geeignete Beobachtungsmöglichkeiten aufgeführt (Sattler 1998). Ganz bewusst sind Papier-Bleistift-Tests wie z.B. das gleichzeitige Malen mit beiden Händen nicht aufgeführt, da sie bei unternommenen Umschulungsversuchen und entsprechender Übung der nichtdominanten Hand äußerst irreführend sein können. Es werden spontane Tätigkeiten beobachtet, die großes Geschick und feinmotorische Bewegungen erfordern, denn diese sind am stärksten lateralisiert und weisen deshalb oft auf die angeborene Händigkeit hin (Fisher et al. 1999, 290). Bei der Durchführung sollte darauf geachtet werden, dass das Testmaterial stets in Körpermitte der Testperson angeboten wird und das Kind möglichst nicht weiß, was genau beobachtet wird. Der Vortest kann eine gründliche Händigkeitsuntersuchung natürlich nicht ersetzen, jedoch eine Entscheidungshilfe sein, ob die Kontaktaufnahme mit entsprechenden Fachleuten empfehlenswert ist.

- Blumen gießen (kleine Kanne)
- Zähne putzen (sich mit Gesten vormachen lassen)
- kreiseln
- würfeln
- Perlen aus einem Gefäß holen und wieder in dieses einsammeln
- Perlen auf einen senkrecht befestigten dünnen Draht stecken
- Streichhölzer zählen
- Streichhölzer in die Schachtel zurücklegen

Wird durch verschiedene Beobachtungen deutlich, dass eine Händigkeitsuntersuchung notwendig ist, sollte man sich an einen darauf spezialisierten Experten wenden. Dieser kann verschiedensten Berufsgruppen angehören, wichtig ist die Weiterbildung auf dem Gebiet der Händigkeitstestung, da bis heute in den meisten Berufsausbildungen nicht speziell darauf eingegangen wird. Häufig finden sich Fachleute unter Ergo- und Mototherapeuten, Heilpädagogen, Schulpsychologen und manchmal auch Sozialpädagogen.

Ausgewählte Adressen sind im Anhang zu finden, darunter auch Hinweise auf zertifizierte LinkshänderberaterInnen, die Tests kompetent durchführen können.

6 Der Preis der Anpassung

Gibt es Umschulung heute noch?

Als Umschulung im engeren Sinne bezeichnet man das Schreibenlernen mit der nicht-dominanten Hand. Im Amerikanischen gibt es für den Begriff Umschulung den Ausdruck ‚brain-breaking', der wörtlich übersetzt „Gehirnbrechen" bedeutet und deutlicher als der deutsche Ausdruck darauf hinweist, was eigentlich geschieht. Die Definition der Umschulung lässt völlig offen, ob ein Linkshänder mit rechts oder ein Rechtshänder mit links schreiben lernt – denn es ist nicht zu vergessen, dass auch letzterer Fall vorkommen kann. Körperliche Behinderungen, wie z.B. eine gravierende Verletzung der rechten Hand oder eine Lähmung der rechten Körperhälfte, können Rechtshänder nötigen, mit der linken Hand schreiben zu lernen. Zu wenig ist bekannt, dass auch diese Art der Umschulung das Gehirn belasten und zu folgenschweren Störungsbildern führen kann, wie man sie von umgeschulten Linkshändern schon lange Zeit kennt (Sattler 1986). Theoretisch sind psychische Ursachen denkbar, die ein rechtshändiges Kind dazu veranlassen könnten, mit links zu schreiben. Dieser Fall ist jedoch selten, da das Schreiben mit der linken Hand nicht der gesellschaftlichen Norm entspricht.

Gibt es die Umschulung eines Linkshänders zum Schreiben mit der rechten Hand heute überhaupt noch? Diese häufig gestellte Frage wird oft zu schnell verneint. Die durch körperliche Gewalt erzwungene Umschulung ist im westlichen Kulturkreis in der Tat selten geworden. In Gesellschaften, die den Gebrauch der linken Hand aus religiösen oder anderen weltanschaulichen Gründen für bestimmte Tätigkeiten verbieten, ist das Schreiben mit links hingegen nach wie vor weitgehend tabu.

Als Umschulung eines Linkshänders bezeichnet man alle Vorgänge, die zum Schreibenlernen mit der rechten Hand führen können: Lernprozesse mit oder ohne Zwang, durch Aufforderung, Nachahmung oder aufgrund einer linksseitigen körperlichen Schwäche. Die Umschulung kann gleichsam unbemerkt ablaufen, bleibt jedoch selten ohne negative Folgen für den Betroffenen (Sattler 1996a).

Der natürliche Handgebrauch eines linkshändigen Kindes wird oft bereits weit vor der Einschulung beeinflusst, ohne dass sich die angeborene Dominanz im Gehirn deswegen ändern ließe. Im Kleinkind- bzw. Kindergartenalter wird besonders beim Essen, Schneiden und Malen häufiger versucht, Kinder mit instabilem oder linkshändigem Handgebrauch zum rechtshändigen Tun zu bewegen. Bei den Kulturtechniken existieren vielfach noch gesellschaftliche Normen, auf die Wert gelegt wird. Das Schneiden mit der für Rechtshänder vorgesehenen Schere ist für das linkshändige Kind ein zusätzliches Problem, da der Gebrauch mit links nicht möglich ist. Sträuben sich die Kinder nachhaltig gegen solch gut gemeinte Erziehungsversuche, werden sie meist nicht weiter bedrängt. Dies ist ein großer Fortschritt gegenüber dem massiven Druck, der früher ausgeübt wurde. Linkshändige Kinder profitieren von den veränderten Methoden und Zielen unserer modernen Pädagogik, die die Individualität jedes Menschen zu schätzen gelernt hat.

Es gibt jedoch Kinder, die sich schon durch die einmalige Aufforderung, die rechte Hand zu benutzen, beeinflussen lassen und sich in der betreffenden Tätigkeit umstellen: Kinder, die sich gerne anpassen und sein wollen wie alle anderen – und linkshändige Kinder, die zu instabilem Handgebrauch neigen und ihre dominante Hand selbst noch nicht spüren. Diese Kinder suchen nach Orientierung und nehmen die Umwelt als Vorbild dafür, wie und mit welcher Hand man Tätigkeiten ausführt. Eltern meinen in solchen Fällen oft, das Kind sei beidhändig und brauche deshalb Anleitung, wie man ‚richtig', d.h. mit der rechten Hand, isst und malt. In diesen Fällen sollte jedoch kompetenter Rat eingeholt werden, bevor man beginnt, den Handgebrauch zu manipulieren. Denn es besteht die Gefahr, dass ein möglicherweise linkshändig veranlagtes Kind durch diese *sanfte Umschulung* angeleitet wird, mit der rechten Hand zu malen. Auf diese Weise lernen viele linkshändige Kinder quasi automatisch mit der rechten Hand schreiben, da sie die Feinmotorik der rechten Hand beständig üben und von Eltern und Pädagogen zu den Rechtshändern gezählt werden. Manchmal fällt aufmerksamen Beobachtern noch vor der Einschulung auf, dass das Kind im freien Spiel oft die linke Hand bevorzugt, und die Familie findet den Weg zu einer Beratungsstelle. Meist lernt das betroffene linkshändige Kind, mit der rechten Hand zu schreiben. Erst wenn sich daraufhin unerwartete Konzentrations- und Lernprobleme einstellen, es zu Stottern beginnt oder sich beim bisher unauffälligen Kind Verhaltensauffälligkeiten zeigen, beginnt die manchmal lange und nicht immer erfolgreiche Suche nach den Ursachen. Je nach Störungsbild werden verschiedenste Tests durchgeführt, wobei die gründliche Händigkeitsuntersuchung, die die individuelle Anamnese des Kindes mit einbezieht, noch nicht zum Standard der empfohlenen Maßnahmen gehört. Die frühe Umschulung der Händigkeit wird also nicht notwendigerweise als eine mögliche Ursache der Probleme und Verhaltensauffälligkeiten in Betracht gezogen, und demzufolge zeigen die vorgeschlagenen Therapien nicht die erwarteten Erfolge.

Als letzte Variante einer Umschulung ist die Umstellung ohne Aufforderung von Außen zu nennen: Betroffen sind linkshändig veranlagte Kinder, die sich bewusst oder unbewusst durch Nachahmung von Bezugspersonen zum Malen bzw. Schreiben auf die rechte Hand umschulen. Es handelt sich dabei meist um besonders wache Kinder, die ihre Umwelt ständig aufmerksam beobachten und sich selbst gut kontrollieren können. Auch in diesem Fall werden die Ursachen der später oft auftretenden Schulprobleme selten in der umgeschulten Händigkeit gesucht – hat sich das Kind doch selbst und ohne jeglichen Zwang für das Schreiben mit der rechten Hand entschieden.

Zusammenfassend kann festgestellt werden, dass Umschulung zwar noch stattfindet, jedoch meist früher und im westlichen Kulturkreis ‚sanfter', als dies früher üblich war. Dass die Linkshändigkeit erkannt und trotzdem konsequent umgeschult wird, wobei die möglichen schlimmen Folgen für das Kind negiert werden, kommt inzwischen sicherlich nur noch sehr selten vor. Vielmehr wird ein linkshändiges Kind oft nicht als solches wahrgenommen und die Beeinflussung des Handgebrauchs nicht als Umschulung empfunden. Dazu kommt, dass Eltern und Pädagogen häufig nicht ausreichend informiert sind, wie sie mit instabilem Handgebrauch bei Kindern umgehen sollen. Die Praxis zeigt, dass die Methode der Umschulung keine entscheidende Rolle für die zu erwartenden Probleme des Betroffenen spielt. Ob sanft oder unsanft durch die Umwelt oder durch Anpassung durch das Kind selbst herbeigeführt, die Umschulung ist in jedem Fall ein Eingriff in natürliche Gehirnabläufe. Zudem kann die angeborene Dominanz im Gehirn nicht verändert, sondern nur gestört werden – mit möglicherweise schwerwiegenden Folgen für die Persönlichkeitsentwicklung und das gesamte Leben des Betroffenen.

Mögliche Folgen der Umschulung

Warum ist gerade das Schreiben mit der nicht-dominanten Hand so problematisch? Der für einen Erwachsenen scheinbar mühelose Vorgang des Schreibens ist in seiner Komplexität eine Höchstleistung des menschlichen Gehirns. In einzigartiger Weise verknüpft es durch Steuerung und Kontrolle zahlreiche Hirnfunktionen miteinander und schafft die Voraussetzungen für eine störungsfreie Zusammenarbeit. Das Schreiben stellt hohe Anforderungen an unsere Feinmotorik, wir müssen uns an die Form und den zugehörigen Bewegungsablauf bei der Ausführung der Buchstaben erinnern, gleichzeitig an Rechtschreibung und Grammatik denken und die beabsichtigte Aussage des Satzes ständig überprüfen. Auch wenn im Laufe des Schreiblernprozesses eine Automatisierung erfolgt, erfordert das Schreiben Konzentrationsfähigkeit und Gedächtnisleistung.

Vereinfacht gesagt führt das Schreiben des Linkshänders mit der rechten Hand zu einer Überlastung der linken Gehirnhälfte (die die rechte Hand steuert) und einer gleichzeitigen Hemmung der rechten Gehirnhälfte. Umgekehrt gilt dies für Rechtshänder. Die Zusammenarbeit der Gehirnhälften kann durch diese Fehlbelastung in bestimmten Bereichen nicht mehr zuverlässig geregelt ablaufen. Es kommt zu zeitweisen Ausfällen, die als *Primärstörungen* einer Umschulung zusammengefasst werden (Sattler 1994, 70). Die Störungen treten meist in besonders belastenden Situationen plötzlich und unerwartet auf, so dass sich der Betroffene seiner Leistungsfähigkeit nicht mehr sicher sein kann. An guten Tagen oder im entspannten Gespräch mit Eltern oder Freunden werden oft keinerlei Probleme sichtbar, doch unter emotionalem Stress oder in Prüfungssituationen kommt es wiederholt zu Schwierigkeiten. Dass sich die Störungen verzögert manifestieren können, wenn in höheren Klassen die Anforderungen steigen, erschwert es zusätzlich, die Zusammenhänge zwischen Umschulung und Auffälligkeiten des Kindes zu erkennen. Betont werden muss an dieser Stelle, dass es für die beschriebenen Probleme auch andere Ursachen als die Umschulung der Händigkeit geben kann. Zudem entwickelt nicht jeder umgeschulte Linkshänder zwingend alle der möglichen Störungen. Die Reaktionen auf eine Fehlbelastung des Gehirns variieren, und was beim einen Menschen zum völligen Zusammenbruch führt, kann von einem anderen besser kompensiert werden. Die möglichen Folgen der Umschulung (nach Sattler):

Primärstörungen:
- Gedächtnisstörungen (besonders beim Abrufen von Lerninhalten)
- Konzentrationsstörungen (schnelle Ermüdungserscheinungen)
- legasthene Probleme
- Raum-Lage-Labilität (Links-Rechts-Unsicherheit)
- Sprachstörungen (Stammeln, Stottern)
- Feinmotorische Probleme (z. B schlechtes Schriftbild)

Sekundärstörungen:
- Minderwertigkeitskomplexe
- Unsicherheit
- Zurückgezogenheit
- Überkompensation durch erhöhten Leistungseinsatz
- Trotzhaltungen, Widerspenstigkeit, Imponier- und Provokationsgehabe (z. B. Klassenkasper-Spielen im Unterricht)
- Verhaltensstörungen
- Bettnässen oder Nägelkauen
- Emotionale Probleme bis ins Erwachsenenalter mit neurotischen und/oder psychosomatischen Symptomen
- Störungen des Persönlichkeitsbildes

Sehr häufig ist das Gedächtnis von der Umschulung betroffen. Besonders beim Abrufen von Lernstoff kommt es regelmäßig zu unerwarteten Blackouts. Was zu Hause geübt wurde, kann plötzlich nicht mehr reproduziert werden. Weder das Kind noch die Eltern oder Lehrer, die daraufhin mit den schlechten Noten konfrontiert sind, haben eine plausible Erklärung für das Versagen. Schulische Beurteilungen enthalten oft eine Formulierung der Art „Der/Die SchülerIn könnte mehr, wenn er/sie nur wollte", denn die Zensuren entsprechen nicht dem Intelligenzniveau.

Auch Konzentrationsstörungen können das betroffene Kind belasten. Wenn es dem Unterrichtsgeschehen nicht mehr folgen kann, koppelt es sich innerlich davon ab: Es beginnt, träumend aus dem Fenster zu schauen und den eigenen Gedanken nachzuhängen. Bei anderer Gemütslage äußert sich das Ende der Konzentrationsfähigkeit auffälliger: Der Unterricht wird gestört, das Kind beginnt, mit den Nachbarn zu reden, schaukelt mit dem Stuhl, muss auffällig oft zur Toilette oder findet einen anderen Grund, sich bewegen zu können.

Weitere Schwierigkeiten können legasthene Probleme beim Lesen und Schreiben darstellen. Dazu zählen seitenverkehrtes Schreiben von Druckbuchstaben und Ziffern, unspezifische Rechtschreibfehler, das Umstellen von zweistelligen Zahlen und allgemeine Probleme mit der Leserichtung. Umgeschulte Linkshänder entwickeln oft nicht das Vollbild einer Legasthenie, kämpfen jedoch mit einzelnen Symptomen. Auch die Raum-Lage-Labilität, bei der u.a. die Unterscheidung von rechts und links oft bis ins Erwachsenenalter nicht sicher gelingt, kann die Folge von Umschulung sein. Dies gilt ebenfalls für Sprachstörungen wie Stammeln oder Stottern, die in der Schulzeit plötzlich auftreten. Schreibt ein Mensch mit der nicht-dominanten Hand, sind feinmotorische Schwierigkeiten naturgemäß häufig, denn die Hand ist der starken Beanspruchung nicht gewachsen.

Wenn ein Mensch unter einer oder mehreren Primärstörungen leidet, hat das meist auch Auswirkungen auf seine Psyche. Je nachdem, wie gut oder schlecht es dem Einzelnen gelingt, die auftretenden Probleme zu kompensieren, zeigen sich auch sekundäre Effekte: Minderwertigkeitskomplexe und allgemeine Unsicherheit können auftreten, und der Betroffene meidet Situationen, in denen er immer wieder versagt. Großes Leid kann entstehen, denn das Kinder spürt, dass es seine Intelligenz nur unzureichend nach Außen hin manifestieren kann. Häufig wird dieser Zusammenhang im zackigen Profil des Intelligenztests deutlich: Die Ausfälle zeigen sich nur in ganz bestimmten Bereichen, während andere untersuchte Aufgaben im Vergleich überraschend gut gelöst werden. Trifft die Umschulung ehrgeizige Kinder, kommt es zur so genannten *Überkompensation*. Diese Kinder geben sich nicht auf, sondern entwickeln eine „jetzt-erst-recht"-Haltung. Mit großem Aufwand werden Lerninhalte so oft wiederholt, bis sie im Gedächtnis bleiben, und direkt vor der Schulstunde noch einmal durchgelesen, damit vergessene Passagen kurzfristig nochmals abrufbar sind. Diese Haltung ermöglicht zwar eine anspruchsvolle berufliche Karriere, die Betroffenen entwickeln aber manchmal eine auffallend harte Persönlichkeit, die sich und anderen sehr viel Leistung abverlangt. Lebensfreude und soziale Beziehungen bleiben zugunsten des beruflichen Aufstiegs auf der Strecke, weil Zeit und Kraft fehlen, sich Familie, Freunden und Hobbys zu widmen.

Zeichen des besonderen Stresses, unter dem das Kind leidet, können auch plötzlich auftretendes Bettnässen oder Nägelkauen sein. Im Unterricht fällt es öfter durch einen ausgeprägten Widerspruchsgeist auf, es ist trotzig und spielt manchmal den Clown, um sich die Aufmerksamkeit und Anerkennung zu holen, die es so dringend braucht. Auch weit reichende emotionale Schwierigkeiten und Verhaltensstörungen sind im sekundären Problemkreis bekannt, ebenso wie die Umsetzung der Belastung in psychosomatische und neurotische Symptomatik.

Umgeschulte Linkshänder – gibt es einen Weg zurück?

Eine Rückschulung eines umgeschulten Linkshänders zum Schreiben mit der linken Hand stellt in jedem Fall einen erneuten Eingriff in Gehirnabläufe dar. Man muss individuell abwägen, ob eine solche Maßnahme die Chance zu mehr Ausgeglichenheit und Leistungsfähigkeit darstellt, oder ob das Risiko einer Überlastung mit entsprechenden Folgen zu groß ist. Einer pauschalen Befürwortung, wie sie von Betroffenen öfter leichtfertig vertreten wird, wird von Experten widersprochen. In jedem Fall ist eine Beratung durch qualifizierte Fachleute zu empfehlen.

Wird im **Kindergartenalter** über die Händigkeitsdiagnostik festgestellt, dass ein linkshändiges Kind mit der rechten Hand malt, wäre es zur Vermeidung späterer Umschulungsfolgen sehr empfehlenswert, die linke Hand als zukünftige Schreibhand zu wählen. Wenn die Feinmotorik der linken Hand dies zulässt, ist zu diesem Zweck das Malen mit links schon im Vorfeld der Schule empfehlenswert. Unumgängliche Voraussetzung dafür ist allerdings die unterstützende Therapie (meist Ergo- oder Mototherapie), die sich an den Ursachen des Problems orientiert. Die Maßnahmen dürfen nur im Einverständnis mit dem Kind und allen wichtigen Bezugspersonen begonnen werden. Das Tempo einer Rückschulung ist abhängig von den Bedürfnissen des Kindes und den individuellen Gegebenheiten. Lehnt auch nur eine Person im Umfeld die Maßnahmen ab, scheitern Umstellungsversuche häufig. Oft identifiziert sich ein früh auf die rechte Hand festgelegtes linkshändiges Kind mit seiner vermeintlichen Rechtshändigkeit bereits so stark, dass nur eine geringe Chance auf sein Einverständnis zum späteren linkshändigen Schreiben besteht.

Obwohl die Rückschulung von Kindern im **Grundschulalter** wegen der schulischen Anforderungen an das Kind schwierig ist, gelingt sie in den ersten beiden Schulklassen relativ häufig. Ein Grund dafür ist sicherlich die größere Motivation der Kinder, die in vielen Fällen schon unter Umschulungsfolgen leiden und die Zusammenhänge besser verstehen. Auch spüren sie in vielen Fällen überraschend schnell selbst, dass die großflächigen Schwungübungen, die sie anfangs mit der linken Hand durchführen dürfen, eine entspannende und ausgleichende Wirkung haben. Wie bei Vorschulkindern ist die Rückschulung von Schulkindern nur sinnvoll, wenn alle Bedingungen optimal sind: Die Kinder bringen die erforderliche Bereitschaft mit, sie werden therapeutisch unterstützt und zu Hause und in der Schule wird zeitweilig besondere Rücksicht genommen. Jeder Rückschulende und dessen Umfeld muss zudem mit vorübergehendem Leistungsabfall und vermehrten Primärfolgen rechnen und sie akzeptieren können. In diesem Alter ist die Rückschulung eine realistische Chance, einen Teil der negativen Auswirkungen der Umschulung auszugleichen, es besteht jedoch keine Garantie, dass alle beobachteten Schwierigkeiten vollständig behoben werden können.

In höheren Klassen sollte eine Rückschulung nur dann versucht werden, wenn vom Kind selbst der starke Wunsch danach ausgeht, denn die Anforderungen an das Schreibtempo sind hoch, und auch ein vorübergehendes Abrutschen im gewohnten Leistungsniveau kann Konsequenzen haben, die nicht mehr akzeptabel sind.

Nicht wenige Eltern entdecken ihre eigene, umgeschulte Linkshändigkeit über die Linkshändigkeit ihres Kindes und erwägen eine Rückschulung noch im **Erwachsenenalter**. Obwohl es neben negativen Berichten auch einige positive Stimmen nach einer Rückschulung von Erwachsenen gibt, fehlen vor allem noch statistisch ausreichend abgesicherte Ergebnisse aus Langzeitbeobachtungen, um allgemein gültige Prognosen machen zu können. Fest steht, dass die Flexibilität und Regenerationsfähigkeit des erwachsenen Gehirns nicht mehr mit denen eines Kindes zu vergleichen sind. Eine späte Rückschulung ist ein Experiment, bei dem niemand vorhersehen kann, ob es gelingt.

7 Linkshänder in einer an Rechtshändern orientierten Umwelt

Schwierigkeiten des Linkshänders

Die natürlichen Bewegungsabläufe eines Linkshänders unterscheiden sich von denen eines Rechtshänders durch den bevorzugten Gebrauch der linken Hand. Bei allen für den rechtshändigen Gebrauch optimierten Gegenständen und Anordnungen ergeben sich naturgemäß Schwierigkeiten. Über das Ausmaß dieser Schwierigkeiten werden jedoch sicherlich viele erstaunt sein.

Wenn ein linkshändiges Kind heranwächst, kann sein Umfeld jeden Tag miterleben, wie es sich mit der Rechtshänderwelt auseinander setzt. Sind den Eltern die Zusammenhänge nicht bewusst, halten sie das Kind in vielen Fällen für umständlich und berichten, wie verdreht und ungeschickt es manchmal hantiere. Liegt der Löffel rechts vom Teller, muss er zum Essen schließlich immer wieder in die linke Hand übergeben und der rechts oben stehende Trinkbecher mit der weniger geschickten Hand gegriffen werden. Wenn das Kind mit dem neuen Baukran spielt, versucht es vielleicht mühevoll, die rechtsseitig angebrachte Kurbel durch Verdrehung des Arms mit der linken Hand zu bedienen. Wenn es die Karten beim Quartett oder beim Schwarzen Peter in der rechten Hand anordnet, sind die Symbole in der linken oberen Ecke oft nicht mehr zu sehen. Auch der Griff für das heiße Wasser, aufgrund der gängigen Normierung links angebracht, kommt der dominanten Hand des Linkshänders sehr gelegen und wird oft anstatt des kalten geöffnet. Wenn das Kind Fahrrad fahren lernt, steigt es meist lieber von der rechten Seite aus auf- und ab und möchte das Rad links von sich schieben. Der Ständer des Fahrrads befindet sich jedoch auf der anderen Seite, und es muss deshalb umständlich umsteigen. Diese Beobachtungen zeigen nur einige kleinere Probleme, die sich aus der spontanen Bevorzugung der linken Hand und des linken Beins ergeben können und grundsätzlich nicht mit besonderer Ungeschicklichkeit oder mangelnder Koordinationsfähigkeit zusammenhängen.

Die meisten erwachsenen Linkshänder haben sich an Unannehmlichkeiten und Schwierigkeiten in Alltag und Berufsleben gewöhnt, so dass ihnen nicht mehr bewusst wird, welche Benachteiligungen und zusätzliche Anstrengungen sie dafür auf sich nehmen. Manche haben die Probleme verinnerlicht und glauben, sie hätten von Natur aus ‚zwei linke Hände', anstatt die Ursachen bei den Umweltbedingungen zu suchen: Sie hatten nicht die gleichen Chancen wie Rechtshänder, die Geschicklichkeit ihrer dominanten Hand mit passendem Werkzeug zu trainieren. Nicht nur viele Gebrauchsgegenstände und Werkzeuge können von Linkshändern nur schwer oder überhaupt nicht benutzt werden, sondern auch die Anordnung der Gegenstände, mit denen sie hantieren, kann problematisch sein. Der Spülbereich einer Küche z.B. müsste gespiegelt zur Norm aufgebaut werden, da Linkshänder in dieser Anordnung von links nach rechts arbeiten (Faxel et al. 1997). Erst eine genauere Betrachtung der Bedingungen des Einzelnen in seiner individuellen Umgebung zeigt die Komplexität der Thematik.

Wie aber kann man Rechts- und Linkshändern gleichermaßen gerecht werden? Bei der Planung von Spiel- und Werkzeug, Bedienfeldern an Geräten und Maschinen und der Einrichtung von Räumen und Arbeitsplätzen wäre eine für Links- und Rechtshänder gleichermaßen geeignete Auslegung ideal (Schmauder 1999). Konstrukteure und Designer haben in manchen Bereichen begonnen, die Händigkeit in die Planung neuer Produkte mit einzubeziehen. Noch ist dies allerdings eher die Ausnahme als die Regel. Ein Beispiel eines unter ergonomischen Gesichtspunkten guten Kompromisses ist die Gestalt von symmetrischen Computermäusen, die für rechts- und linkshändigen Gebrauch einstellbar und gleich gut zu bedienen sind.

Daneben gibt es Gebrauchsgegenstände, bei denen ein Kompromiss nicht möglich ist und zwei asymmetrische Versionen angeboten werden müssen. Die Schere für Linkshänder z.B. hat anders angeordnete Schneidblätter, die eine optimale Auge-Hand-Koordination beim Schneiden ermöglichen. Derartige Gegenstände sollten linkshändigen Kindern von Anfang an zur Verfügung stehen.

Wenn das Kind seine Linkshändigkeit ablehnt

Wenn sie Unterstützung erfahren, vertreten die meisten Kinder ihre Händigkeit auch nach Außen hin selbstbewusst. Gerade im Vorschulalter kommt es jedoch manchmal vor, dass ein Kind seine Linkshändigkeit ablehnt. Es bemerkt vielleicht, dass es sich von Mutter und Vater unterscheidet, immer wieder Linkshänder genannt wird und andere Werkzeuge als seine Kameraden im Kindergarten braucht. Manche Kinder fühlen sich dadurch ausgegrenzt, und Sonderrollen sind in dieser Altersstufe nicht leicht zu akzeptieren. Das Kind möchte zur Mehrheit dazugehören und lehnt deshalb seine Händigkeit ab: Es sei eigentlich gar kein Linkshänder, denn es könne das alles doch auch mit rechts. Oft stellt es seinen Handgebrauch daraufhin bei bestimmten Tätigkeiten selbst auf die rechte Hand um. Wenn es aus diesem Grund beginnt, mit rechts zu malen oder zu schreiben, stellt dies den Anfang einer Selbstumschulung dar.

Man kann diesen Kindern nur helfen, indem man offen und in ihren Worten über die natürlichen Ursachen der Händigkeit spricht. Als besonders hilfreich kann es sich erweisen, wenn nicht nur die Eltern, sondern auch der/die ErzieherIn in der vertrauten Runde des Stuhlkreises das Thema mit allen Kindern gemeinsam behandelt. Um das Selbstbewusstsein des Kindes zu stärken, kann man aus der langen Liste linkshändiger Berühmtheiten eine Persönlichkeit herausgreifen, die das Kind besonders anspricht (Ruf 2002). Denn wenn ein amerikanischer Präsident, der verehrte Sportler oder Schauspieler auch linkshändig ist, trägt dieser Gedanke dazu bei, diese Eigenschaft auch an sich selbst besser akzeptieren zu können.

Unterstützung der Linkshändigkeit – Wozu?

Die wichtigste Voraussetzung zur Unterstützung und Förderung des Kindes ist der selbstverständliche Umgang mit seiner Linkshändigkeit, d.h. sie wahrzunehmen und zu akzeptieren wie jede andere Begabung, die ihm mit in die Wiege gelegt wurde. Leichter gesagt als getan, meinen viele rechtshändige Eltern und Pädagogen, denn wenn das Kind bestimmte Fertigkeiten erlernen soll, fällt das Umdenken manchmal schwer, und nicht immer steht sofort entsprechendes Informationsmaterial zur Verfügung. Wie benutzt ein Linkshänder am günstigsten sein Besteck, und wie bindet er seine Schnürsenkel? Wie hält er den Stift, und wie kann er mit links schreiben, ohne die Tinte zu verwischen? Spätestens beim Versuch, sich linkshändiges Stricken vorzustellen, stellt sich für manchen die Frage, wie weit die Förderung der Linkshändigkeit gehen soll. Ist Unterstützung überhaupt notwendig, oder kommen die Kinder auch ohne sie zurecht? Wird hier womöglich künstlich problematisiert? Wir leben in einer Welt, die nur selten den Bedürfnissen von Linkshändern gerecht wird. Wäre es deshalb nicht angebracht, das Kind so früh wie möglich an den Gebrauch der rechten Hand zu gewöhnen? Die Beratungspraxis zeigt, dass dies sehr brisante Fragen sind, die innerhalb der Familie oder im Gespräch mit ErzieherInnen und LehrerInnen oft noch kontrovers diskutiert werden.

Gegen die verbreitete Haltung, Unterstützung sei überflüssig, sprechen vor allem wissenschaftliche Untersuchungen. Aber auch die alltäglichen Erfahrungen der Beratungsstellen und Therapeuten, die mit den entstandenen Problemen der Betroffenen konfrontiert sind, sprechen eine deutliche Sprache. Vielleicht sieht ein Kind heute keine Schwierigkeit darin, bestimmte Dinge mit rechts zu lernen oder in der Hakenhaltung „von oben" mit links zu schreiben. Die langfristigen gesundheitlichen Folgen werden jedoch meist erst dann erkannt, wenn es für Veränderungen zu spät ist.

Die Umschulung zum Schreiben mit der rechten Hand führt zu Irritationen von Gehirnprozessen und ist deshalb eindeutig abzulehnen. Eine von außen zugefügte Umschulung ist eine von außen zugefügte Behinderung, und die Zulassung einer Selbstumschulung wird von Sattler als unterlassene Hilfeleistung gewertet (Sattler 1996a, 342). Auch ein Training der rechten Hand in anderen, die Feinmotorik betreffenden Bereichen ist ungünstig. In der ersten Hälfte des letzten Jahrhunderts wurden pädagogische Experimente durchgeführt, die bei Kindern künstlich eine *Beidhändigkeit* erzeugen sollten. Die jeweils nichtdominante Hand wurde gezielt geübt, denn man wollte eine gleich hohe Geschicklichkeit beider Hände erreichen. Es kann nicht genug betont werden, dass die Ergebnisse dieses groß angelegten Versuchs für Rechts- und

Linkshänder gleichermaßen äußerst negativ waren und das beidhändige Training wieder aufgegeben wurde (Sattler 1994).

In der heutigen Zeit wird ein rechtshändiges Kind selbstverständlich in seiner feinmotorischen Entwicklung unterstützt, und die Idee liegt fern, seine Rechtshändigkeit zu stören und seine natürliche Bewegungskoordination durcheinander zu bringen. Diese automatische Förderung erfahren Linkshänder nicht. Möchte man linkshändigen Kindern die gleichen feinmotorischen Entwicklungschancen geben, ist eine gezielte Unterstützung des linkshändigen Hantierens unerlässlich. Nur dann ist gewährleistet, dass sie später Freude an komplizierten handwerklichen Tätigkeiten haben werden und eine altersgemäße Leistungsbereitschaft darin zeigen. Die Förderung der Linkshändigkeit verbessert zudem ganz wesentlich die Chancengleichheit zwischen Links- und Rechtshändern. Im Alltag des Kindes und im späteren Berufsleben werden durch eine händigkeitsgerechte Ausstattung und Anleitung Unfälle verhindert und gesundheitliche Folgeschäden vermieden. Denn gerade in Situationen, in denen schnell reagiert werden muss, greifen Linkshänder spontan oft nicht dorthin, wo sich der Hebel für die Notabschaltung beim für Rechtshänder optimierten Werkzeug befindet. Auch können Linkshänder an für Rechtshänder konstruierten Maschinen nur arbeiten, wenn sie ungünstige Fehlhaltungen einnehmen oder die rechte ungeschicktere und langsamere Hand als Führungshand einsetzen.

Da unsere Gesellschaft Linkshänder im Allgemeinen noch nicht umfassend unterstützt, liegt eine besondere Verantwortung bei der Familie und den Pädagogen des Kindes. Auch darf man nicht vergessen, dass die Linkshändigkeit vom Kind oft als eine persönliche Eigenschaft empfunden und Vorbehalte dagegen als Zurückweisung seiner gesamten Person gedeutet werden. Werden seine Linkshändigkeit und der damit oft noch verbundene Mehraufwand liebevoll akzeptiert, wirkt sich dies sehr positiv auf die emotionale Entwicklung aus. Die Unterstützung der angeborenen Linkshändigkeit lohnt sich also durchaus, um unseren Kindern zu helfen, langfristig geschickte und selbstbewusste Menschen zu werden.

8 Praktische Tipps für Alltag, Kindergarten und Schule

Was beim Kauf von Spielzeug zu beachten ist

Wenn ein Kind mit einem Gegenstand immer wieder hantiert, sollte es dies in einem möglichst harmonischen und ergonomisch günstigen Bewegungsablauf durchführen können. Inwieweit gängige Spielsachen dies auch für linkshändige Kinder gewährleisten, untersuchte eine kürzlich durchgeführte Studie (von Rotberg 2001). Sie ergab, dass die Händigkeitsproblematik in der Spielwarenbranche offensichtlich noch eine untergeordnete Rolle spielt.

Spielzeug sollte grundsätzlich für Rechts- und Linkshänder gleich gut handhabbar sein. Spezifische Mechanismen wie Drehkurbeln, Hebeln oder Arretiervorrichtungen sind jedoch in aller Regel für die rechtshändige Verwendung montiert. Grundsätzlich gilt: „Je ‚echter' das Spielzeug den realen Gegebenheiten der Erwachsenenwelt nachempfunden ist, umso mehr Einschränkungen bestehen in Bezug auf die Wahlfreiheit im Gebrauch der Hand . . ." (von Rotberg 2001). Linkshändige Kinder werden dadurch immer wieder frustriert, ohne dass sie ausdrücken können, woher die Irritation kommt. Wie in vielen anderen Bereichen ist es sicherlich nur eine Frage der Zeit, bis Hersteller bezüglich der Händigkeitsproblematik reagieren werden. Je öfter engagierte Eltern im Fachhandel Spielzeug auch unter diesem Aspekt aussuchen und bewerten, desto schneller wird diese Entwicklung in Gang kommen.

Gebrauchsgegenstände und ihre Handhabung

„So wenig wie möglich, aber so viel wie nötig" sollte das Motto bei der Ausstattung mit Linkshandartikeln sein. So wenig wie möglich, um das Kind nicht unablässig in eine Sonderrolle zu drängen, die letztlich oft zur Ablehnung der eigenen Linkshändigkeit führt und unliebsame Reaktionen bei seinen rechtshändigen Geschwistern und Freunden auslösen kann. So viel wie nötig, um die Geschicklichkeit zu schulen und Chancengleichheit zu gewährleisten. Die Liste wichtiger Gebrauchsgegenstände ist übersichtlich, deren Anschaffung daher sicherlich für jede Familie zumutbar. Die Artikel sind manchmal im Sortiment des Fachhandels, meist über den Versandhandel für Linkshänder erhältlich. Entsprechende Adressen finden sich im Anhang bzw. sind über einschlägige Suchmaschinen im Internet leicht zu finden. Die nachfolgende Zusammenstellung orientiert sich am Alltag von Kindern im Vorschul- und Schulalter und erhebt keinen Anspruch auf Vollständigkeit. Gerade im Hinblick auf

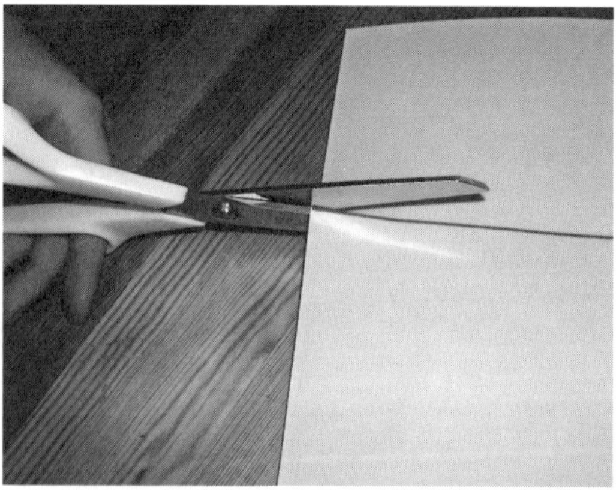

Abb. 5: Linkshänderschere

Hobbys und die spätere Berufsausbildung kann es notwendig werden, sich über die Verfügbarkeit spezieller Werkzeuge oder Hilfsmittel im Fachhandel zu informieren.

◆ *Die Linkshänderschere*

Die Schere für Linkshänder ist das Spiegelbild der Schere für Rechtshänder. Scheren, die für beide Hände gleich gut verwendbar sind, kann es nach ergonomischen Maßstäben nicht geben, auch wenn dies gerade von manchen Kinderscheren behauptet wird. Meist handelt es sich dabei um Rechtshänderscheren mit etwas besser angeschliffenen Schnittkanten. Bei Linkshänderscheren muss das obere Schneidblatt links außen liegen, um zu gewährleisten, dass man beim Schneidvorgang von der Innenseite auf die Schnittlinie sehen kann (siehe Abbildung 5).

Bei Scheren für Erwachsene sind oft auch die Grifflöcher so geformt, dass der Daumen im oberen Loch gut Platz hat und ein oder mehrere Finger durch das untere passen. Gerade beim Schneiden von härteren Materialien wie Pappe, Stoff oder Blech verhindert dies, dass sich schmerzhafte Druckstellen bilden.

Benutzt ein linkshändiges Kind beim Schneidenlernen eine Rechtshänderschere und versucht, genau auf einer Linie zu schneiden, so gelingt dies in einer bequemen Haltung nicht. Erst wenn es die linke Hand nach innen verdreht oder die Schere rechts von der Körpermitte hält, wird die Schnittlinie sichtbar. Sehr ungünstig ist auch, dass der linke Teil des abgeschnittenen Papiers über die schneidende Hand nach oben geschoben wird und nicht locker nach unten fällt. Außerdem verkantet sich die Schere beim Verarbeiten von dicken oder harten Materialien und klemmt sie nur ein anstatt sie zu durchtrennen. Dies kann ein Rechtshänder leicht nachvollziehen, wenn er versucht, feste Pappe oder Stoff mit der linken Hand und einer Rechtshänderschere zu schneiden. Umgekehrt klingt paradox: Hat ein erwachsener Linkshänder in seiner Kindheit mit viel Mühe gelernt, linkshändig mit einer Rechtshänderschere umzugehen, kann er mit der an sich günstigeren Linkshänderschere oft nicht umgehen. Die umständliche und unergonomische Haltung, die er beim Schneiden automatisch einnimmt, lässt sich kaum mehr ändern.

Zusätzlich zur Auswahl der richtigen Schere muss der Schneiderichtung Beachtung geschenkt werden: Werden Formen und Figuren ausgeschnitten, beginnt das linkshändige Kind nicht auf der rechten, sondern stets auf linken Seite des Bildes. Beim Schneidenlernen üben die Kinder Figuren, die aus Spiralen aufgebaut sind. Diese müssen für Linkshänder von innen nach außen betrachtet gegen den Uhrzeigersinn gezeichnet werden.

Wenn ein linkshändiges Kind beginnt, den Umgang mit der Schere zu lernen, sollte ihm bereits eine Linkshänderschere zur Verfügung stehen, um ihm langfristig Frustrationen zu ersparen. Normalerweise haben gut sortierte

Abb. 6: Spirale

Schreibwarenhändler runde und spitze Bastelscheren für Kinder in ihrem Sortiment, manchmal auch Haushaltsscheren. Spezialscheren sind meist nur über den Versandhandel zu beziehen.

◈ *Der Linkshänderfüller*

Der Linkshänderfüller kommt der mehr schiebenden Schreibweise des Linkshänders entgegen und ist im Griffbereich an die Bedürfnisse der linken Hand angepasst. Die Feder wird beim Schreiben in einem anderen Winkel aufgesetzt als beim rechtshändigen Schreiben und ist deshalb entweder dazu passend angeschliffen oder kugelartig geformt. Die eher rund geformten Federn können von Links- und Rechtshändern gleich gut verwendet werden. Die Griffmulden sind entweder symmetrisch oder spiegelbildlich zum Rechtshändermodell angeordnet.

Anfängerfüller und Füller für ältere Schüler werden von gängigen Firmen in vielen Farben und Ausführungen angeboten. In aller Regel gehören Linkshänderfüller zum Sortiment jedes Schreibwarenhändlers. Grundsätzlich sollte das Kind den Füller vor dem Kauf selbst ausprobieren dürfen, um den für seine Bedürfnisse geeigneten auswählen zu können.

◈ *Kalligrafiefeder*

Die Spitze der Bandzugfeder für Linkshänder ist links angeschrägt. Würde man eine normale, waagrecht geschliffene Feder benutzen, müsste in sehr ungünstiger Haltung von oben nach unten geschrieben werden.

Zur Technik: In der Hakenhaltung schreibende Linkshänder haben oft große Schwierigkeiten beim Kalligrafieren. Weitgehend problemlos erlernen diese Schreibtechnik dagegen Linkshänder, die die Schreibweise von unten mit nach rechts geneigtem Blatt gewöhnt sind. Im Kunstunterricht höherer Schulklassen ist die Auseinandersetzung mit verschiedenen kalligrafischen Schriftarten häufig vorgesehen.

◆ *Der Linkshänderspitzer*

Wie spitzen linkshändige Kinder mit einem Rechtshänderspitzer? Manche passen sich an und spitzen ihre Stifte wie Rechtshänder. Andere halten zwar Stift und Spitzer wie Rechtshänder, drehen aber dann den Spitzer mit links nach innen. Oder der Stift wird mit der linken Hand nach innen gedreht und der Spitzer in der rechten Hand gehalten. Alle Versionen sind ergonomisch nicht günstig und können dazu führen, dass die Stifte abbrechen und das Kind den Spitzer nur ungern benutzt. Der Spitzer für Linkshänder erlaubt den optimalen Bewegungsablauf, in dem man am meisten Kraft entwickeln kann: Der Stift wird in der linken Hand gehalten und in einer Drehbewe-

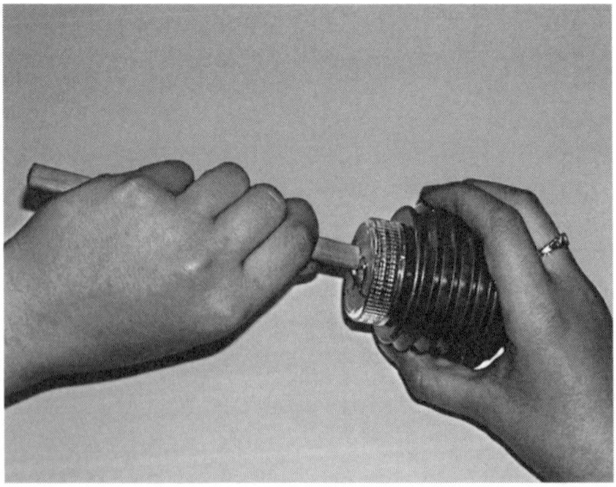

Abb. 7: Spitzer

gung nach außen angespitzt. Theoretisch müsste ein Spitzer für die Benutzung in beiden Drehrichtungen entwickelt werden können, der für Rechts- und Linkshänder gleichermaßen funktionstüchtig ist. Dazu müssten zwei gegenüberliegende Messer montiert sein. Diese Variante wird im Moment jedoch noch nicht hergestellt.

Linkshänderspitzer gibt es inzwischen im Schreibwaren- oder im Versandhandel in verschiedensten Ausführungen: mit und ohne Auffangbehälter, aus Glas, Metall oder Plastik, für dünne und dicke Stifte.

◆ *Das Linkshänderlineal*

Im Gegensatz zum Rechtshänderlineal zählt die Ausführung des Linkshänderlineals von rechts mit der Null beginnend nach links aufsteigend. Die Vorteile sind offensichtlich: Linkshänder führen den Stift meist automatisch in dieser Richtung, und die Striche können wesentlich lockerer gezogen als in der Gegenrichtung geschoben

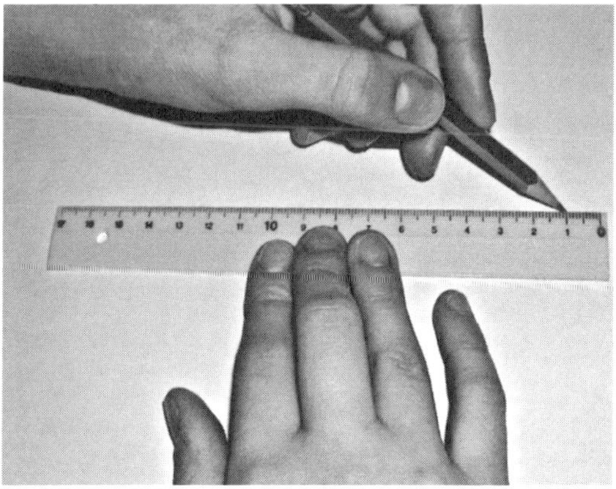

Abb. 8: Lineal

werden. So besteht nicht die Gefahr, dass die Spitze des Stifts abbricht, und es kann gleichzeitig mühelos abgemessen werden.

Auf die möglichen Nachteile weisen vor allem Pädagogen hin: In den ersten Schulklassen wird der von links nach rechts zählende Zahlenstrahl vermittelt und der sich darauf aufbauende Zahlenraum. Die gegenläufige Anordnung der Zahlen auf dem Lineal kann das jüngere Kind verwirren, so dass Pädagogen empfehlen, die Benutzung des Lineals erst für höhere Klassen anzubieten. Eine Alternative für ältere Schüler ist auch das Geometriedreieck, bei dem die Nullmarkierung in der Mitte der Skala angebracht ist.

◆ *Das Linkshändermesser*

Messer, die für die Benutzung mit der linken Hand gefertigt werden, sind linksseitig angeschliffen. Schneidet ein Linkshänder mit einem gewöhnlichen Messer, würde eine

Abb. 9: Linkshändermesser

Brotscheibe z.B. oben dick und unten dünn werden. Mit einem Linkshändermesser gelingt genaues Schneiden wesentlich leichter, und man riskiert nicht, abzurutschen und sich zu verletzen. Taschenmesser haben neben dem linksseitigen Schliff auch die Kerbe zum Herausziehen des Messers an der für die linke Hand günstigen Stelle.

Der Dosenöffner für Linkshänder

Der Dosenöffner für Linkshänder erlaubt einen genau spiegelbildlichen Bewegungsablauf zum herkömmlichen Gerät. Im Versandhandel werden zum Teil auch links- und rechtsdrehende Dosenöffner angeboten.

Sparschäler für Linkshänder

Damit die Hand beim Schälen zum Körper hin bewegt werden kann, gibt es spezielle Sparschäler für Linkshänder. Daneben sind auch zweischneidige Ausführungen

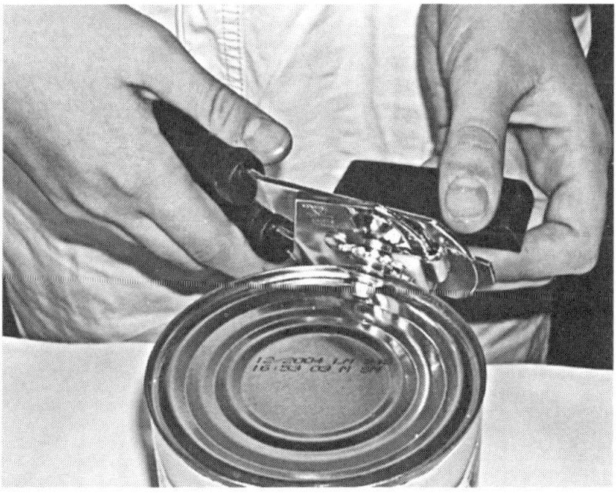

Abb. 10: Dosenöffner

erhältlich, die für den rechts- und linkshändigen Gebrauch geeignet sind.

◆ *Fischbesteck für Linkshänder*

Das Fischmesser ist auf der anderen Seite gekröpft, damit linkshändiger Gebrauch möglich wird.

◆ *Korkenzieher für Linkshänder*

Der Korkenzieher ist in Gegenrichtung gewendelt. Er kann mit der linken Hand gegen den Uhrzeigersinn in den Korken gedreht werden. Wie beim Spitzer ist diese Drehrichtung ergonomisch günstiger.

◆ *Eisportionierer*

Viele Eisportionierer sind mit einem dünnen Metallbügel ausgestattet, der die Eiskugel vom Gerät löst. Bei linkshändigem Gebrauch ist dieser Bügel ungünstig angebracht und bricht deshalb leicht ab. Eine Alternative dazu ist ein Eisportionierer für Linkshänder oder ein Modell mit symmetrischer Technik.

◆ *Stuhl mit Collegplatte*

In vielen Fachräumen für den Musikunterricht gibt es Stühle mit einem seitlich herausklappbaren Tischchen zum bequemen Schreiben. Bei der Einrichtung der Unterrichtsräume sollten die linkshändig schreibenden Kinder nicht vergessen werden, für die es die Stühle auch mit linksseitigem Tischchen gibt.

◆ *Eishockeyschläger, Golfschläger, Schützenbogen, Bumerang*

Gerade im Sport ist eine optimale Ausrüstung wichtig, um die Leistungsfähigkeit und Geschicklichkeit des linken Arms bzw. der linken Hand weiterentwickeln zu können. Die folgende Aufstellung fasst die im Vorigen beschriebene Auswahl nützlicher Gebrauchsgegenstände für Linkshänder zusammen – für Schule, Haushalt und Hobby:

- Schere
- Füller
- Spitzer
- Lineal (mit Einschränkungen)
- Kalligrafiefeder
- Stuhl mit Collegplatte
- Brotmesser
- Küchenmesser
- Dosenöffner
- Sparschäler
- Taschenmesser
- Fischbesteck
- Korkenzieher
- Eisportionierer
- Schläger, z.B. für Golf oder Eishockey
- Bogen
- Bumerang

Musikinstrumente

Einige verbreitete Musikinstrumente gibt es in einer Version für Linkshänder, oder sie lassen sich entsprechend umbauen. Wie bei anderen Tätigkeiten sollte die linke Hand als Führungshand eingesetzt werden können.

Schon viele Linkshänder haben die Lust am Musizieren verloren, weil die rechte Hand die geforderte Leistung nicht erbringen konnte. Auch wird für bestimmte Instrumente diskutiert, ob das rechtshändige Spiel – besonders wenn eine Profilaufbahn eingeschlagen wird – Umschulungsfolgen auslösen könnte (Sattler 1999b). Große Hersteller von Musikinstrumenten, aber auch engagierte kleinere Betriebe bieten Linkshänderinstrumente an (Adressen im Anhang).

Manche linkshändigen Kinder kommen sehr gut mit einer gewöhnlichen *Blockflöte* zurecht, andere bevorzugen die umgestellte Flöte, bei der die linke Hand die tiefen Töne greift. Entsprechende *Altflöten* können angefertigt bzw. umgebaut werden, dasselbe gilt für *Tenor- und Bassflöten*. Leider gibt es *Querflöten* nur in der nach rechts gehaltenen Version. Möchte ein Kind nach dem Erlernen der umgestellten Blockflöte auf die Querflöte wechseln, kann dies Schwierigkeiten bereiten. Das *Klavier*, bei dem die rechte Hand meist den anspruchsvolleren Teil bewältigen muss und die linke Hand dann nur begleitende Funktion hat, ist nicht sehr günstig für Linkshänder. Lehrer und Schüler sollten immer bedenken, dass die nicht-dominante rechte Hand langsamer lernt als die linke. Um der linken Hand ab und zu größere Entfaltungsmöglichkeiten zu geben, kann auf Werke verschiedener Komponisten speziell für die linke Hand zurückgegriffen werden. Beispiele dafür sind Klavierkonzerte von Maurice Ravel (in g-moll), Sergej Prokofjew (Nr. 4 in B-Dur) oder die Passacaglia für Klavier in der Komposition „Panthenäenzug" von Richard Strauss. Auch im Jazz wird die linke Hand häufig intensiver eingesetzt, und beim bekannten „Boogie-Woogie" fällt ihr meist der führende Part zu und die rechte Hand begleitet. Bei *Schlaginstrumenten* sollte die linke Hand anschlagen bzw. die Führungsrolle einnehmen können. Schlagzeuge können zu diesem Zweck spiegelverkehrt aufgebaut werden. Schon im Kindergarten, wenn die Kinder erste musikalische Erfahrungen mit den beliebten *Orff-Instrumenten* machen, sollte daran gedacht werden. Bei der *Gitarre* sollte die Schlaghand ebenfalls immer die linke Hand sein. Schnelle und komplizierte Rhythmen können wesentlich einfacher mit der dominanten Hand entwickelt werden, während das Greifen der Töne den eher technischen, übungsabhängigen Teil des Musikstücks darstellt. Gitarren können relativ leicht vom Gitarrenbauer umgebaut bzw. hergestellt werden. Bei linkshändig gespielten *Geigen* hält die dominante Hand den Bogen. Auch in Fall der Geige werden die notwendigen Veränderungen vom Fachmann vorgenommen. Ganz allgemein ist natürlich sehr wichtig, dass der Lehrer des Kindes bereit ist, es am umgestellten Instrument anzuleiten. Ist dies nicht der Fall, sollte die rechtshändige Version akzeptiert werden, um dem Kind die musikalische Erfahrung nicht zu verwehren.

Abb. 11: Gitarre

Computer – Das machen wir mit links! 

Die ersten Erfahrungen an einem Computer machen viele Kinder schon im Kindergartenalter. Da die feinmotorische Entwicklung in dieser Altersstufe noch nicht abgeschlossen ist, wird sie durch den linkshändigen Umgang mit der Computermaus zusätzlich unterstützt. Auch später ist die dominante Hand wesentlich belastbarer als die rechte, so dass bei beruflicher Computerarbeit Begleiterscheinungen wie Sehnenscheidenentzündungen oder Muskelverspannungen im Schulter-Nacken-Bereich vermieden werden können. Es wurde schon erwähnt, dass der Gebrauch einer symmetrischen Maus vorteilhafter ist als eine ergonomische Variante, wenn Menschen verschiedener Händigkeit einen Computer gemeinsam benutzen. Im anderen Fall gibt es natürlich auch für Linkshänder eine ergonomisch optimale Version der Computermaus. Um in Familie oder Schule die Tastenbelegung der Maus nicht immer wieder im Steuerungsprogramm ändern zu müssen, macht es Sinn, verschiedene Benutzer zu definieren. Die entsprechenden Einstellungen können über die Systemsteuerung des Rechners vorgenommen werden. Nach dem Einschalten des Computers findet man durch Eingabe eines Kennworts automatisch den individuellen Desktop mit den entsprechenden Systemeinstellungen vor, darunter auch die linkshändige oder rechtshändige Tastenbelegung der Maus. Einen leicht für Linkshänder umbaubaren Joystick gibt es im gut sortierten Computerfachhandel, während man spezielle Tastaturen meist nur über den Versandhandel beziehen kann. Gemeint sind Tastaturen mit Pfeiltasten und Nummernblock auf der linken Seite oder auch Tastaturen mit externem Nummernblock, den man je nach Bedarf links- oder rechtsseitig platzieren kann.

Malen, Basteln, Werken

Der Maltisch des linkshändigen Kindes ist spiegelbildlich zum Maltisch eines Rechtshänders aufgebaut. Wird später ein Schreibtisch notwendig, wären linksseitig angebrachte Schubladen ideal. Die Vorteile bestehen darin, dass das Kind sie mit seiner dominanten Hand bedienen kann und auf der linken Tischseite mehr Ablagefläche entsteht, wenn das Kind weiter rechts vom Schreibtischmittelpunkt sitzt. Es gibt verschiedene Hersteller, die variable Schreibtischsysteme anbieten.

Stifte, Schere und andere Gegenstände sollten mit der linken Hand gut erreichbar sein, und der Lichteinfall von rechts beleuchtet die Arbeitsfläche optimal. Als Voraussetzung für eine spätere gute Schreibhaltung sollte schon das etwa vierjährige Kind den Stift im *Dreipunktgriff* halten können (siehe nächster Abschnitt zum entspannten Schreiben). Hat es große Schwierigkeiten damit, könnte dies auf ein allgemeines Problem der Feinmotorik hinweisen, was beim Kinderarzt angesprochen werden sollte. Dies kann linkshändige und rechtshändige Kinder gleichermaßen betreffen. Sehr empfehlenswert sind besonders in diesen Fällen dicke Buntstifte mit dreieckigem Querschnitt, die jeweils eine Seite für Daumen, Zeigefinger und Mittelfinger vorsehen. Weiterhin kann man vorübergehend zu so genannten *Schreibhilfen* greifen, die das Kind an die Stifthaltung gewöhnen. Aufsteckbare Dreiecke verstärken den Effekt dreieckiger Stifte. „Grippy" oder „Trigo" haben entsprechende Mulden für die drei Finger, und die Kugelschreibhilfe „Bolly" kann helfen, eine runde, unverkrampfte Malhand zu fördern. Dreiecke sind schon für jüngere Kindergartenkinder geeignet, mit den anderen Schreibhilfen kommen Kinder erst später selbstständig zurecht, wenn sie sich merken können, welche Mulde zu welchem Finger gehört. Sie sind zum Teil in

Schreibwarengeschäften erhältlich, ansonsten über den Versandhandel (Adressen im Anhang).

Ein Kriterium, das der Arbeitsplatz im Kindergarten erfüllen sollte, ist die Bewegungsfreiheit des linken Arms beim Malen, Schneiden und Werken. Nicht erst in der Schule ist es wichtig, dass unnötige Behinderungen vermieden werden, wie sie entstehen, wenn ein rechtshändiges Kind links vom Linkshänder arbeitet und sich die Ellenbogen der werkenden Arme immer wieder in der Mitte treffen. Grundsätzlich führen Linkshänder viele Tätigkeiten spiegelbildlich und von der für Rechtshänder ungewohnten Seite aus. Rechtshändige Eltern und Erzieher haben deshalb oft Schwierigkeiten beim Versuch, einem linkshändigen Kind durch Führen der linken Hand eine neue Fertigkeit zu vermitteln. Viele Linkshänder können mit der rechten Hand demonstrierte Bewegungsabläufe in ihrer Vorstellung im Raum drehen, kippen oder spiegeln und auf diese Weise problemlos mit links nachmachen.

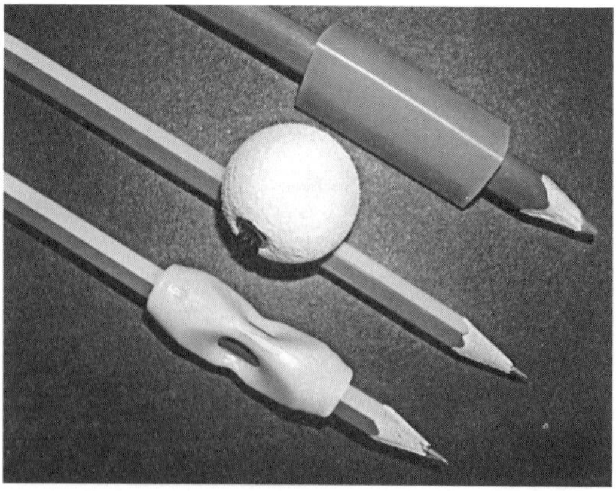

Abb. 12: Beispiele für Schreibhilfen (von oben): aufsteckbares Dreieck, „Bolly“, „Trigo“

Anderen fällt es leichter, wenn die rechtshändige Person dabei gegenüber sitzt. Gerade bei Papierfaltarbeiten und den ersten Webversuchen mit Papierstreifen ist dies zu empfehlen. Beim Drehen einer Wollkordel mit Hilfe eines Stifts führt der gespiegelte Bewegungsablauf des Linkshänders dazu, dass sich das normalerweise in sich rechtsgedrehte Garn aufdreht. Um dies zu vermeiden, muss der Linkshänder beim Drehen den Stift zum Körper hin, der Rechtshänder ihn vom Körper weg drehen. Bei komplizierten gezeichneten oder fotografierten Schritt-für-Schritt-Anleitungen erweist es sich manchmal als sehr nützlich, die Vorlage für Rechtshänder auf eine Folie zu kopieren, die Folie umzudrehen und nochmals zu kopieren, damit ein gespiegeltes Bild als Vorlage für einen Linkshänder entsteht. Die Spiegelung kann ebenso mit vielen bildbearbeitenden Computerprogrammen durchgeführt werden, wenn die Vorlage zuvor mit Hilfe eines Scanners im Computer gespeichert wird. Damit stimmt zwar der zugehörige Text noch nicht, aber der Linkshänder hat wenigstens seine Version des gezeichneten Arbeitsablaufs direkt vor Augen.

Manchen Kindern bereitet es Probleme, zu lernen, wie man eine Schleife bindet. Klettverschlüsse können vorläufig sehr nützlich sein. Spätestens zur Einschulung wird jedoch allgemein erwartet, dass ein Kind ohne Hilfe mit Schnürsenkeln zurechtkommt. Steht hinter den Schwierigkeiten des Kindes kein allgemeines feinmotorisches Problem, reicht es in vielen Fällen aus, ihm einen anderen Bewegungsablauf beim Binden zu zeigen. Die Alternative wird oft wesentlich besser nachvollzogen, und das Kind lernt überraschend schnell. Der genaue Ablauf zweier Möglichkeiten des Schleifebindens ist im Anhang dargestellt. Man geht davon aus, dass die Variante auf der linken Seite der Abbildung einem Linkshänder eher entspricht.

Auch im Werkunterricht in der Schule müssen linkshändige Kinder in manchen Bereichen anders angeleitet werden. Damit optimales Arbeiten möglich ist, ist der Schraubstock linksseitig montiert, die Raspel oder Feile wird mit der linken Hand gehalten, die rechte Hand unterstützt den Druck am anderen Ende des Werkzeugs. Beim Laubsägen wird das Werkstück in der rechten Hand gehalten, die Säge mit der linken geführt. Feinsägen gibt es mit umlegbarem Griff, und gekröpfte Modelle können durch einfaches Lösen einer Schraube von Rechts- auf Linkshandbetrieb umgestellt werden. Bei Arbeiten mit dünnen Metallblechen müssen Blechscheren für Linkshänder bereitstehen.

Schreiben – entspannt und ohne die Tinte zu verwischen

Unzählige Linkshänder wurden umgeschult – nur aufgrund der Annahme, sie könnten unmöglich problemlos mit der linken Hand schreiben lernen. Verschmierte Hefte, eine verkrampfte Schreibhaltung und ein schlechtes Schriftbild werden auch heute noch mit dem Begriff der Linkshändigkeit verbunden. Warum kommt es zu diesen Problemen, und wie kann man sie verhindern?

Beim Schreibenlernen unserer rechtsläufigen Schrift ergibt sich eine Schwierigkeit, die rechtshändige Kinder nicht haben: Orientiert sich der linkshändige Erstklässler bezüglich der Lage seines Heftes und seiner Schreibhaltung am rechtshändigen Lehrer oder den rechtshändigen Kameraden, wischt er mit dem Handrücken über das eben Geschriebene. Dies fällt lange Zeit nicht auf, da die meisten Lehrpläne der ersten Klasse zum Schreibenlernen die Verwendung von Bleistiften oder Buntstiften empfehlen. Wird der Füller dann etwa in der zweiten Klasse eingeführt, ist der Schreck groß, wenn die Schrift komplett verwischt wird und die Tinte sich an der Handkante wiederfindet. Dies markiert den Zeitpunkt, an dem die Schüler verschiedene Tricks ausprobieren, die zwar das Verwischen der Schrift verhindern, aber zu unergonomischen Schreibhaltungen führen können. Die gebräuchlichste Version ist die *Hakenhaltung*: die Schreibhand wird durch Krümmung des Handgelenks über das Geschriebene gebracht.

Wenn in höheren Klassen ein gesteigertes Schreibtempo gefordert wird und wesentlich mehr geschrieben werden muss, führt diese Haltung oft zur Überbeanspruchung des Handgelenks und zu Verkrampfungen der entsprechenden Muskelgruppen. Langfristig können sich auch Verspannungen im Schulter-/Nackenbereich aufbauen und zu weiteren sekundären Problemen führen. Bemühungen, die Handhaltung in der zweiten Klasse noch zu korrigieren, schlagen meist fehl, da die ungünstige Schreibhaltung bereits automatisiert ist.

Abb. 13: Hakenhaltung „von oben"

Diese Erfahrung kann man den Kindern ersparen, wenn von Beginn an einige Regeln für die Schreibhaltung eingehalten werden. Auf die Bedeutung der Stifthaltung wurde bereits hingewiesen. Sehr sinnvoll kann die Einübung der Schreibhaltung einige Monate vor Schulbeginn sein. Um dem Schreiblernprozess nicht vorzugreifen, werden dazu Schwungübungen gemacht. Erwünschter Nebeneffekt ist, dass die Kinder gleichzeitig an die Schreibrichtung gewöhnt werden (Sattler 2001b). Die Einübung der speziellen Lage des Heftes und der entsprechenden Haltung sollte in der Schule und zu Hause von den Eltern längere Zeit weiter beaufsichtigt und unterstützt werden. Es reicht nicht aus, den Kinder die empfehlenswerte Haltung einmal zu zeigen. Erfahrungsgemäß brauchen sie unterschiedlich lange Zeit, bis die günstige Schreibhaltung spontan richtig eingenommen und auch beim Schreiben beibehalten wird. Manchmal genügt die Anleitung über mehrere Wochen, nicht selten braucht das Kind aber mehrere Monate Unterstützung. Fehlt ihm das Verständis für die oft als unangenehm empfundene Überwachung beim Schreiben, kann man es ab und zu probeweise mit einem Füller oder Tintenroller schreiben lassen. Schnell merkt es dann selbst, welcher Sinn hinter der Einübung der Schreibhaltung steht.

Nicht nur aus gesundheitlichen Gründen ist die gemeinschaftliche Bemühung von Eltern und Pädagogen um eine gute Schreibhaltung des Kindes wichtig. Sie schafft die Voraussetzung für schnelles und problemloses Schreiben mit allen erdenklichen Schreibwerkzeugen vom Füller oder Tintenroller bis hin zur Kalligrafiefeder. Bei der Neufassung des Lehrplans für bayerische Grundschulen im Jahr 2001 wird in für Deutschland bisher einmaliger Form ausdrücklich und detailliert auf die Schreibhaltung linkshändiger Kinder eingegangen. Auch im Kommentar zum österreichischen Lehrplan sind in die allgemeinen

Passagen zur gesunden Körper- und Handhaltung beim Schreiben auch ausführliche Informationen zum Umgang mit linkshändigen Kinder integriert (Boyer 1990, 295f) – Beispiele, die hoffentlich bald auch in den restlichen Lehrplänen Schule machen werden.

Hinweise zu Mal- und Schreibwerkzeug

Zum Malen sind alle Buntstifte geeignet, die Vorteile des dreieckigen Querschnitts wurden schon erwähnt. Für Kinder im Vorschulalter sind dicke Buntstifte besser geeignet als dünne. Auch Bleistifte werden inzwischen schon in dieser Form angeboten und von vielen Pädagogen gerne im Erstschreibunterricht verwendet. Da Linkshänder in einer eher schiebenden Bewegung schreiben, ist die Verwendung von weichen Stiften wichtig, die den Kraftaufwand gering halten. Filzstifte sind beim linkshändigen Schreibenlernen ungünstig, da die erwähnte schiebende Bewegung, anfangs oft mit viel Druck ausgeführt, die Stiftspitze sehr beansprucht und innerhalb kurzer Zeit unbrauchbar macht. Besonders schnell stellt sich dieser Effekt bei Finelinern mit besonders dünner Spitze ein. Eine Alternative dazu sind Filzstifte, deren Spitze durch eine Metallhülse verstärkt wird. Auf Füller für Linkshänder wurde bereits ausführlich im Kapitel über Gebrauchsgegenstände eingegangen.

Die empfehlenswerte Schreibhaltung für Linkshänder

Der Linkshänder schreibt von unten, d.h. zu jeder Zeit sind alle Finger der Schreibhand unterhalb des Geschriebenen. Dies gelingt, wenn das Blatt um etwa 30 Grad im Uhrzeigersinn gedreht wird, so dass die rechte obere Ecke tiefer liegt als die linke.

Abb. 14: Schreibunterlage mit markiertem Blattneigungswinkel (Sattler 1996b)

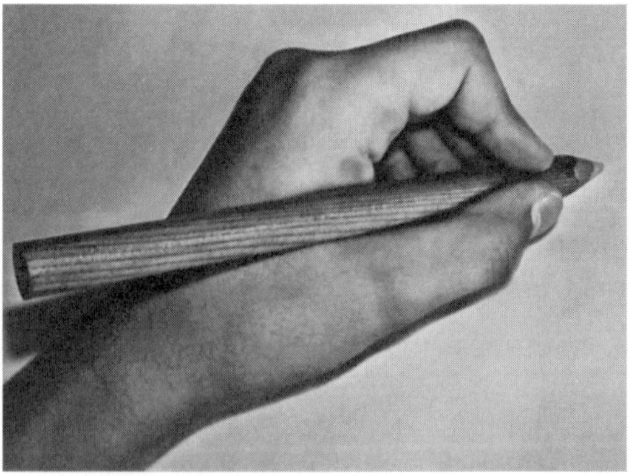

Abb. 15: günstige Stifthaltung

Abb. 16: Schreibunterlage mit individuell markiertem Blattneigungswinkel (verändert nach Sattler 1996c, 56)

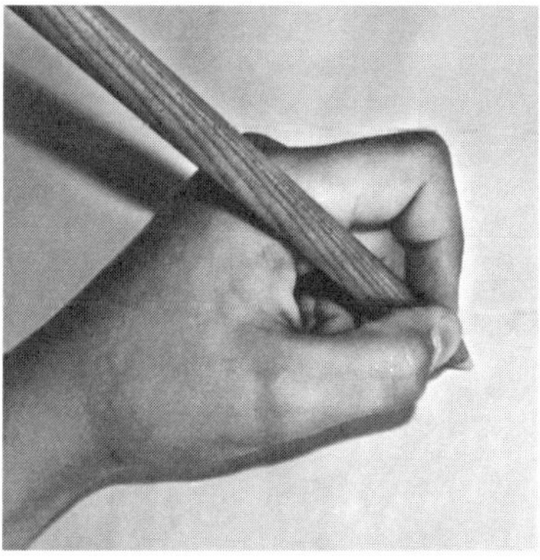

Abb. 17: steile Stifthaltung

Der Neigungwinkel kann durchaus noch vergrößert werden. Besonders bei Kindern, die eine steile Stifthaltung gewöhnt sind, ist dies oft notwendig.

Ein vollständiges Kippen des Blattes um 90 Grad sollte man vermeiden. Wenn der individuell passende Winkel ermittelt wurde, kann er auf einer Schreibunterlage aufgezeichnet werden. Für manche Kinder hat sich bewährt, die untere Linie als Anschlagleiste mit einem dünnen, weichen Material (z. B. einem 2 cm breiten und 27 cm langen Streifen aus Moosgummi) zu markieren. Zu diesem Zweck kann man eine käufliche Schreibunterlage für Linkshänder (Sattler 1996b) variieren oder jede andere Schreibunterlage entsprechend ergänzen.

Das Ende des Stifts sollte möglichst nicht steil nach

Abb. 18: Blattlage links von der Körpermitte (abgebildete Nachspurübungen, siehe Sattler 2001b, 5)

oben, sondern etwa zum linken Ellenbogen zeigen. Dazu legt man das Schreibwerkzeug in die Rundung zwischen Zeigefinger- und Daumenwurzel. Das Blatt liegt links von der Körpermitte und wird von der rechten Hand am Rand leicht fixiert, damit es nicht verrutscht.

Hinweise zur gesunden Körperhaltung beim Schreiben

Nicht zuletzt ist das auf die kindlichen Proportionen abgestimmte Sitzmöbel entscheidend für entspanntes Schreiben. Im Idealfall liegen die Oberschenkel waagrecht auf der Sitzfläche auf, und beide Füße werden normal auf den Boden aufgesetzt. Sitzt das Kind aufrecht, stützt die Stuhllehne den Rücken. Der Schreibtisch sollte leicht zum Kind geneigt und so hoch sein, dass die Unterarme bequem auf der Tischfläche aufliegen.

Spiegelschrift

Beim Schreiben ihres Namens neigen linkshändige Vorschulkinder dazu, Buchstaben und ganze Worte in unterschiedliche Richtungen zu spiegeln und von rechts nach links zu schreiben. Manchmal fällt auch bei Schuleignungstests auf, dass sie keinen Unterschied zwischen

Abb. 19: Beispiele für Spiegelschrift

einem Bild und seinem Spiegelbild erkennen. Auch rechtshändige Kinder verdrehen ab und zu Buchstaben, doch selten so ausgeprägt und lange wie manche Linkshänder. Die Ursachen für dieses Phänomen sind nicht vollständig geklärt.

Bei Linkshändern findet man häufig die spontane Blickbzw. visuelle Wahrnehmungsrichtung von rechts nach links. Man nimmt an, dass dies mit der Neigung zur Spiegelschrift verknüpft sein könnte. Weiter bestehen Parallelen zwischen der Entwicklung der Raum-Lage-Orientierung und dem Kippen von gemalten Bildern sowie dem Verdrehen einzelner Buchstaben. Wahrscheinlich besteht ein Zusammenhang zwischen ausgeprägter Spiegelschrift und einer erhöhten Fähigkeit der Raumwahrnehmung (Sattler 1994, 41). Im Vorschulalter deshalb auf die Neigung zu einer Lese-Rechtschreib-Schwäche zu schließen, ist nicht angebracht. Das Spiegeln von Buchstaben oder einzelnen Zahlen sollte vor Schulbeginn weder negativ kommentiert noch positiv verstärkt werden. Diese Phase wird im Laufe des Schreiblernprozesses im ersten Schuljahr meist schnell überwunden. Kommen Spiegelungen noch in höheren Klassen vor, könnte es sich um eine Teilleistungsstörung handeln, die bei Rechts- und Linkshändern gleichermaßen auftreten kann.

◆ *Schreibrichtung der Buchstaben*

Häufig schreiben linkshändige Kinder beim Erlernen der Druckschrift Buchstaben lieber von rechts nach links. So kommt es, dass die Richtung des Wortes zwar korrekt ist, aber die einzelnen Buchstaben rückwärts geschrieben werden. Lässt man das Kind gewähren, ändert es während des Schreibens ständig die Richtung und übt falsche Bewegungsabläufe ein, die sich später beim Erlernen der Schreibschrift störend auswirken können.

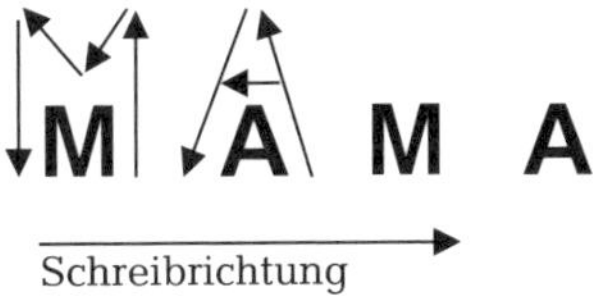

Abb. 20: Ungünstige Schreibweise der Buchstaben

Abb. 21: Beispiel einer empfehlenswerten Schreibweise der Buchstaben

Schriftlage und Schriftbild

Schreiben Linkshänder in der empfohlenen Schreibhaltung, wird die Schrift manchmal steil bis leicht nach links geneigt. Die des Öfteren geforderte Rechtsneigung der Schrift entspricht dem natürlichen Bewegungsablauf des Rechtshänders. Werden Linkshänder zu einer stark rechtsgeneigten Schrift angehalten, können einzelne Buchstaben „umkippen", das heißt, sie neigen zu sehr nach rechts. Dies betrifft alle langgestreckten Buchstaben der Schreibschrift wie z. B. das kleine l oder t. Das Schriftbild wirkt dadurch sehr unregelmäßig und unruhig. Es wäre deshalb zu begrüßen, wenn die normgerechte Rechtsneigung bei der Bewertung der linkshändigen Schrift an Bedeutung verlieren würde.

Abb. 22: Schriftneigung

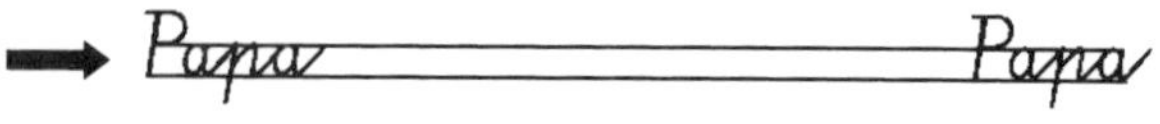

Abb. 23: Besonderheiten beim Schreiblehrgang

◆ *Schreiblehrgänge*

Übungsblätter und Schreiblehrgänge, die nur am linken Blattrand Buchstaben oder Worte vorgeschrieben haben, sind für linkshändige Kinder schwierig zu bearbeiten. Schreibt das Kind in der empfehlenswerten Haltung, verdeckt es das Musterwort. Um nachzusehen, wie das Wort korrekt geschrieben wird, muss es die Schreibhand immer wieder vom Blatt nehmen. Dem kann man Abhilfe schaffen, indem das Wort zusätzlich auf der rechten Seite vorgeschrieben oder eine Kopie eingeklebt wird. Der Pfeil markiert die Schreibrichtung.

Seit Herbst 2001 gibt es Schreiblehrgänge für Linkshänder, die das Musterwort auf der rechten Seite angeben (z.B. *Der Auer Schreiblehrgang – vereinfachte Ausgangsschrift, Ausgabe für Linkshänder*). Damit in einer Klasse äußerlich gleiche Schreiblehrgänge verwendet werden können, gibt es die entsprechende Version für rechtshändige Kinder, die in der gewohnten Weise aufgebaut ist.

Tipps zum Lesenlernen

Die bevorzugte Wahrnehmungsrichtung linkshändiger Kinder verläuft von rechts nach links – entgegen unserer gewohnten Leserichtung. Es kann deshalb vorkommen, dass ein Kind zu Beginn des Leselernprozesses immer wieder versucht, auf der rechten Blattseite zu beginnen. Dies ist nicht als visuelle Störung zu bewerten, sondern stellt eine normale Erscheinung dar, die bei ungestörter Entwicklung des linkshändigen Kindes ebenso verschwindet wie die Spiegelschrift. Möchte man im Vorschulalter schon dazu beitragen, das Kind an die Leserichtung zu gewöhnen, kann man Bücher vorlesen, in deren Text kleine Bildchen eingebaut sind. Diese Bildchen soll das Kind beim Vorlesen benennen. Folgt der Erwachsene dem Text mit dem Finger, werden die Augen den Kindes automatisch der Leserichtung folgen. Beginnt das Kind schon vor der Einschulung, ein Instrument zu erlernen, ist die Einübung der Leserichtung ein positiver Nebeneffekt des Notenlesens.

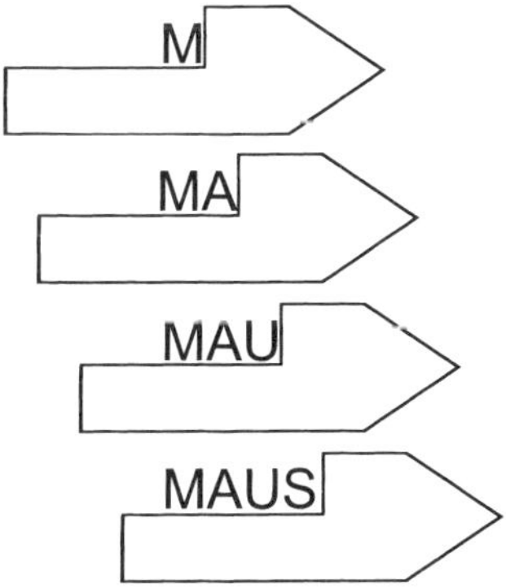

Abb. 24: Wortaufbau beim Lesen mit Lesepfeil

Viele Pädagogen fertigen mit ihren Erstklässlern so genannte *Lesepfeile* an, die den Augen helfen, nicht in der Zeile zu verrutschen, und gleichzeitig die Richtung vorgeben. Dieses Hilfsmittel kommt besonders linkshändigen Kindern sehr entgegen. Ist der Leselernprozess abgeschlossen, haben sich die Kinder an die Leserichtung gewöhnt, und linkshändige Kinder lesen genauso sicher und schnell wie ihre rechtshändigen Kameraden.

Bewegungserziehung und Sport

Manche Kinder scheinen beim Einüben von Schrittfolgen, besonders in Verbindung mit Drehungen des ganzen Körpers, im Vergleich zu den anderen Kindern ungewöhnlich viel Zeit zu benötigen, um sich die Kombination zu merken. Dazu gehören diejenigen, die spontan ihren linken Fuß bevorzugen und lieber die gegenläufige Bewegung zur häufigeren Drehung gegen den Uhrzeigersinn durchführen würden. Viele normierte Bewegungsabläufe gehen diesen Kindern buchstäblich „gegen den Strich" (Sattler 1994, 65), so dass sich Koordinationsprobleme einstellen. Lässt man die Kinder versuchsweise mit dem linken Fuß beginnen und sich im Uhrzeigersinn drehen, gelingt der Bewegungsablauf oft erstaunlich gut.

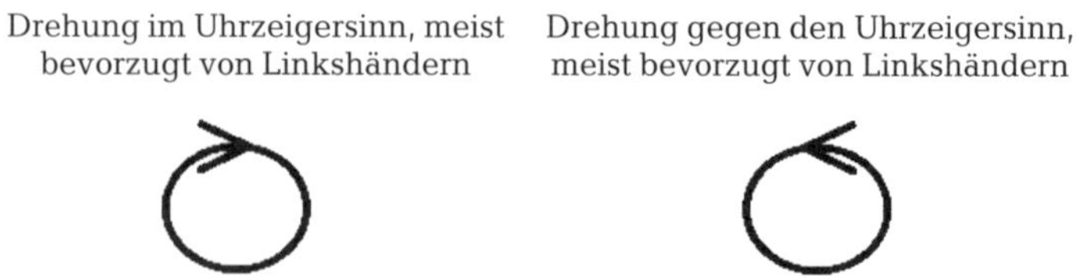

Abb. 25: Drehseitigkeit

Die Auswirkungen der Drehseitigkeit machen sich bei allen Sportarten bemerkbar, die Ganzkörperdrehungen beinhalten, sowie beim Laufen von Kurven (z.B. Kugelstoßen, Diskuswerfen, Hochsprung, Kunstturnen, Eiskunstlauf).

Die Bevorzugung des linken Fußes spielt bei der Wahl des Absprungbeins bei Weitsprung und Wettlauf eine entscheidende Rolle und kann beim Fußballspielen beobachtet werden. Händigkeit und Füßigkeit haben Einfluss auf Elemente der Leichtathletik, des Geräteturnens und auf Wurftechniken bei Ballsportarten.

Die dargestellten Aspekte der Drehseitigkeit sollten beim Sport dazu anregen, den Kindern verschiedene Varianten eines Bewegungsablaufes vorzustellen. Dann kann erprobt werden, welche Bewegungsrichtung den individuellen Anlagen am besten entspricht. Nur so entwickelt das Kind langfristig Freude an sportlicher Betätigung und kann gute Leistungen erbringen.

Sticken, Häkeln, Stricken andersherum

Heute erwachsene Linkshänder berichten in aller Regel von schmerzlichen und frustrierenden Erfahrungen im Fach Handarbeit. Das Gefühl, ungeschickt zu sein, wurde vertieft und der Zugang zum kreativen Hobby frühzeitig blockiert. Wie man linkshändige Kinder adäquat anleitet, erfuhren Fachlehrer damals weder in der Ausbildung noch bei Fortbildungsveranstaltungen, zudem fehlten erläuternde Materialien. Wie problemlos heutzutage die Anleitung linkshändiger Kinder in den Unterricht integriert werden kann, beweist die Arbeit vieler Fachlehrerinnen, die dies schon seit vielen Jahren erfolgreich praktizieren. Leider sind Handarbeitsbücher für Rechts- und Linkshänder zurzeit vergriffen, erhältlich ist nur ein kurzer Strickleitfaden für Linkshänder (erhältlich über den Versandhändler sinErgo).

Die Arbeitsrichtung beim Handarbeiten mit links verläuft generell entgegengesetzt zu der des Rechtshänders. Sticknadel, Häkelnadel und die führende Stricknadel werden dazu in der linken Hand gehalten. Beim Sticken reicht es oft aus, wenn der rechtshändige Lehrer dem Kind gegenübersitzt, schwieriger ist die Umsetzung beim Häkeln oder Stricken. Die wichtigsten Abläufe sind deshalb im Anhang dargestellt.

Hat man eine Schritt-für-Schritt-Anleitung, wie sie Fachlehrer meist verwenden, kann man die Bilder für die linkshändigen Kinder auch in der bereits erwähnten Weise spiegeln (siehe S. 77). Manche Kopiergeräte verfügen über eine solche Funktion, die Spiegelung vom gescannten Bild kann aber auch mit bildbearbeitenden Computerprogrammen durchgeführt werden (z.B. mit Hilfe des Befehls „horizontal kippen"). Alternativ kann man sich folgendermaßen helfen: die Vorlage wird auf eine Folie kopiert, die Folie umgedreht und nochmals kopiert.

9 Typisch Linkshänder?

Linkshändigkeit und Lese-Rechtschreib-Schwäche?

Viele Kindergartenkinder bemühen sich frühzeitig, ihre Zeichnungen und Malereien mit ihrem Namen zu versehen. Es gehört zu den typischen Eigenarten linkshändiger Vorschulkinder, dabei am rechten Blattrand zu beginnen und den Namen zum Teil oder vollständig zu spiegeln. Da das Verdrehen von Buchstaben auch zum Symptomkreis einer Lese-Rechtschreib-Schwäche gehört, befürchten manche Eltern, dass sich daraus eine Legasthenie entwickeln könnte. Die Spiegelschrift im Vorschulalter ist jedoch ein völlig unbedenkliches Phänomen, das mit den umgekehrten Wahrnehmungsmustern des Linkshänders zusammenhängt. Bestätigt wird dies dadurch, dass die Spiegelungen im Laufe des ersten Schuljahres meist von selbst verschwinden.

Ein ursächlicher Zusammenhang zwischen Linkshändigkeit und Legasthenie bzw. Lese-Rechtschreib-Schwierigkeiten, wie er in älterer Literatur öfter behauptet wird, besteht nach unserem heutigen Wissensstand nicht (Sattler 2000, 200). Bereits 1985 wurde im Rahmen des Zweiten Europäischen Symposiums über Entwicklungsneurologie festgestellt, dass Linkshändigkeit für Lernstörungen jeder Art nicht kausal verantwortlich ist (Gutezeit 1986, 352). Die Teilleistungs- bzw. Wahrnehmungsstörungen, die zur Entwicklung einer Lese-Rechtschreib-Schwäche führen, können bei Linkshändern selbstverständlich auch vorkommen – ebenso wie bei Rechtshändern. Die Ursache der Legasthenie ist jedoch die Teilleistungsstörung und nicht die Händigkeit des Kindes.

Unumstritten ist allerdings der Zusammenhang zwischen umgeschulter Linkshändigkeit und Problemen beim Lesen und Schreiben. Die betroffenen Kinder leiden oft unter Auffälligkeiten, die an eine Lese-Rechtschreib-Schwäche erinnern. Sie verdrehen Buchstaben und Zahlen, Flüchtigkeitsfehler häufen sich, und das laute Lesen macht unerwartete Schwierigkeiten. Allerdings reicht die Problematik meist nicht, um nach den gängigen Legasthenietests als echter Legastheniker anerkannt zu werden und Erleichterungen im Schulalltag zu erhalten. Kommen bei einem linkshändigen Kind zu einer legasthenischen Veranlagung die zerebralen Belastungen einer Umschulung hinzu, können sich die Probleme dadurch massiv verschlimmern. Bei diesen Kindern fällt oft schon im Kindergarten auf, dass sie Zeichen einer Raum-Lage-Labilität aufweisen, die mit einer entsprechenden Disposition in Verbindung stehen: z.B. ausgeprägte Orientierungsprobleme, anhaltende Schwierigkeiten bei der Unterscheidung von rechts und links und beim Erlernen des Bindens einer Schleife.

Die beste Vorsorge gegen Probleme beim Lesen und Schreiben ist das Schreibenlernen mit der dominanten Hand – daran zweifelt heutzutage niemand mehr.

Linkshändigkeit in der Persönlichkeitspsychologie – eine neue Schublade?

Was bestimmt die Persönlichkeit eines Menschen? Bücher dazu füllen ganze Regale unserer Bibliotheken, und Erklärungsansätze über den Ursprung unserer Charaktereigenschaften kommen aus den unterschiedlichsten Fachbereichen.

In der Persönlichkeitspsychologie kennt man diverse Theorien, die nicht nur Psychologen in verschiedene Lager spalten und reichlich Stoff zur Diskussion liefern. Wird unser Charakter vorwiegend durch unsere Gene bestimmt oder vor allem auch durch die Erziehung geprägt? In welchem Maß bestimmt die Geschlechtszugehörigkeit unser Verhalten, und wie stark ist der Einfluss der Geschwisterkonstellation, in die ein Mensch geboren wird? Die vorsichtig formulierten wissenschaftlich begründeten Diskussionsbeiträge werden in manchen populären Darstellungen häufig von Mutmaßungen überlagert.

Dies ist immer dann problematisch, wenn es beim Versuch, die komplizierten Zusammenhänge zu vereinfachen, zur Typisierung kommt. Die Bildung von Kategorien darf jedoch nur als „Krücke" verstanden werden, die es uns erlaubt, verständlicher zu formulieren. Sie darf uns niemals glauben machen, dass wir die Persönlichkeit eines Menschen darauf reduzieren könnten (z. B. Feststellungen wie „typisch Mann" oder „typisch Frau", die häufigste geschlechtsspezifische Typisierung). Ein weiteres Beispiel für Typisierungen ist die Deutung der Tierkreiszeichen in Bezug auf Persönlichkeitsstrukturen von Menschen.

Seit einiger Zeit kennen wir zwei neue Schubladen, in die besonders gerne Schulkinder gesteckt werden: die so genannten „Linkshemisphäriker" und die „Rechtshemisphäriker". Es soll Menschen geben, die vorwiegend mit der linken Gehirnhälfte denken und lernen, und andere, die dies mit der rechten tun. Mit Begeisterung wurden die neuen Erkenntnisse über die Gehirnhemisphären und den dazu passenden Menschentypen von den Medien aufgenommen, weitergesponnen und der Einfachheit halber auch gleich auf Rechts- und Linkshänder übertragen. Da bei Rechtshändern bekanntermaßen Bereiche des motorischen Zentrums der linken Gehirnhälfte dominant sind, wurden sie kurzerhand zu „Linkshemisphärikern" erklärt: Kühl analysierende Kopfmenschen mit sprachlicher Begabung, deren geradliniges Leben vorwiegend von den Gesetzen der Logik bestimmt wird. Linkshänder dagegen seien „Rechtshemisphäriker": Gefühlsmenschen, musisch begabte Künstlertypen. Sie seien zwar sehr kreativ, hätten jedoch Probleme mit logischen Schlussfolgerungen und sprachlichen Äußerungen.

Solche Zerrbilder von Linkshändern verfestigen und untermauern alte Vorurteile. Auch wissenschaftlich fundierte Veröffentlichungen können dagegen oft wenig ausrichten.

Die Biopsychologin Jerre Levy, die sich mit der Erforschung des Gehirns befasst, äußerte sich dazu: Die Unterteilung in rechtshemisphärisch und linkshemisphärisch beruhe auf einer „Fehlinterpretation wissenschaftlicher Fakten", die sich als „psychologischer Mythos" festgesetzt habe (Levy 1986, 33). Unter gesunden Menschen gibt es folglich keine reinen „Rechtshemisphäriker" oder „Linkshemisphäriker", denn die Natur des Gehirns ist weitaus komplexer. Es ist deshalb auch sehr problematisch, Linkshänder und Rechtshänder vereinfachend als unterschiedliche Menschentypen zu bezeichnen (Zoche 2002, 133). Die Auswirkungen der Händigkeit auf unsere Persönlichkeit müssen wesentlich differenzierter betrachtet werden.

Johanna Barbara Sattler, approbierte Psychotherapeutin und Leiterin der „Ersten deutschen Beratungsstelle für Linkshänder und umgeschulte Linkshänder", betreibt seit Mitte der 80er Jahre intensive Grundlagenforschung zum Thema Linkshändigkeit. Ihre Untersuchungen zur Persönlichkeitsstruktur von Linkshändern basieren auf langjährigen, in der Praxis gesammelten und statistisch überprüften Erfahrungswerten (Sattler 1999c). Sie legen nahe, dass die Händigkeit eines Menschen seine Persönlichkeit prägen kann. Sattler wendet sich eindeutig gegen eine Typisierung von Rechts- und Linkshändern. Denn die Händigkeit eines Menschen ist nur einer von vielen Mosaiksteinen, die den Charakter eines Menschen prägen können.

Die Geschichte der Linkshänder ist seit Menschengedenken von Vorurteilen geprägt. Linkshänder wurden stigmatisiert, abgelehnt und nicht selten in die Behindertenecke gedrängt. In jüngerer Zeit häufen sich Aussagen, die ihnen außergewöhnliche Begabungen zuweisen – vor allem mit dem Hinweis auf linkshändige Berühmtheiten.

Der Entwicklung und freien Entfaltung eines Kindes schaden Erwartungshaltungen des Umfeldes, gleichgültig ob es sich dabei um positive oder negative handelt. Lassen wir uns deshalb auf das Abenteuer ein, das Geheimnis der Persönlichkeit eines linkshändigen Kindes mit all seinen Stärken und Schwächen selbst zu entdecken.

Anhang

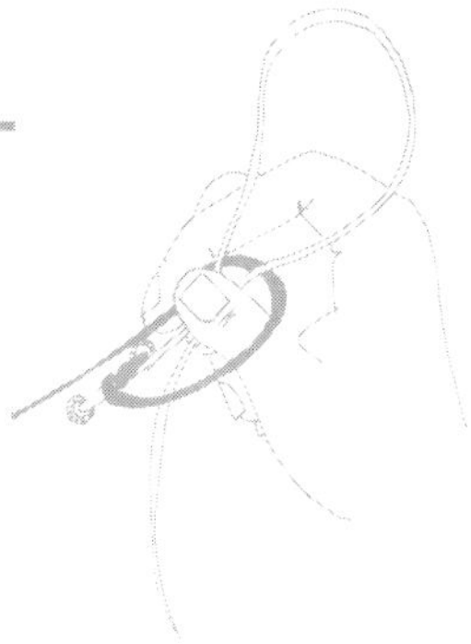

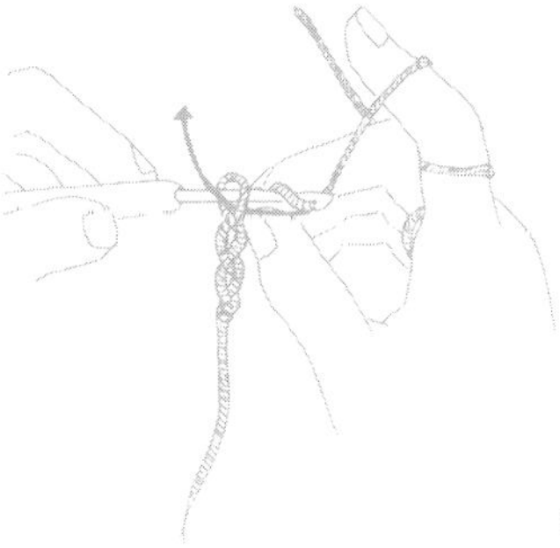

Vorschläge zum Schleifebinden

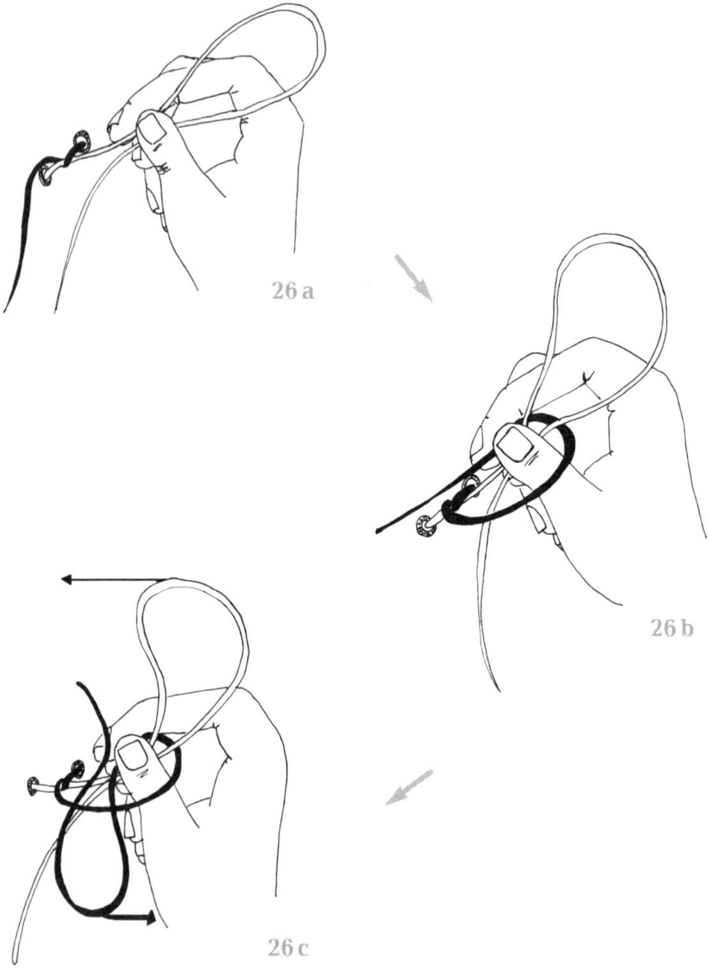

Abb. 26 a, 26 b, 26 c: Bewegungsablauf, oft günstiger für **Linkshänder**. *Die rechte Hand hat vorwiegend Haltefunktion.*

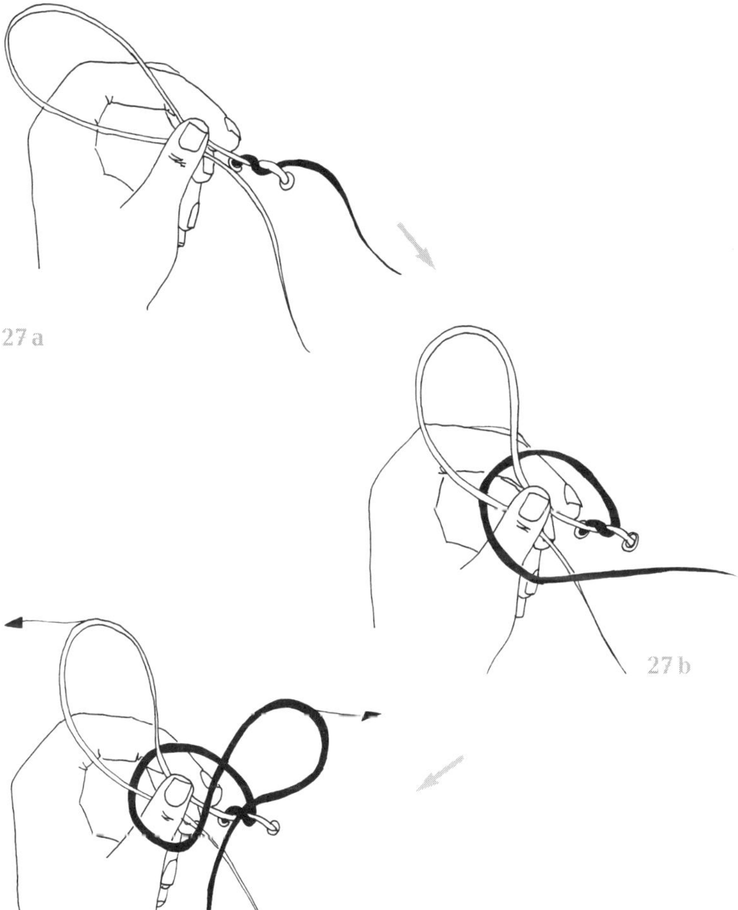

Abb. 27a, 27b, 27c: Bewegungsablauf, oft günstiger für **Rechtshänder**. *Die linke Hand hat vorwiegend Haltefunktion.*

Hilfestellung zum linkshändigen Häkeln, Stricken und Sticken

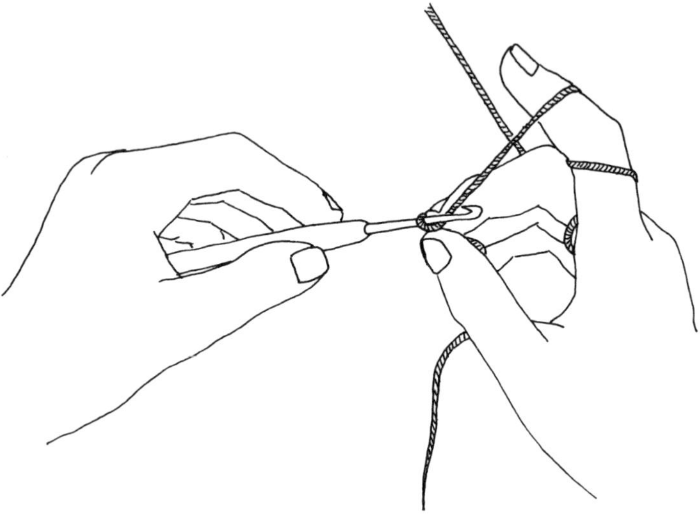

Abb. 28: Haltung beim Häkeln

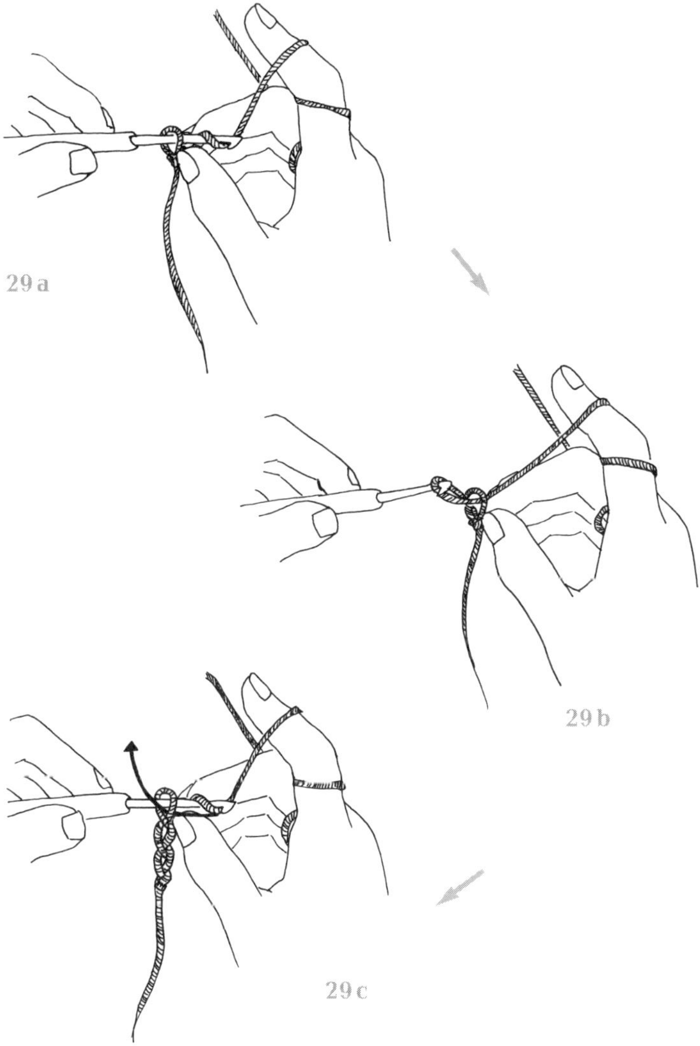

Abb. 29 a, 29 b, 29 c: Luftmasche

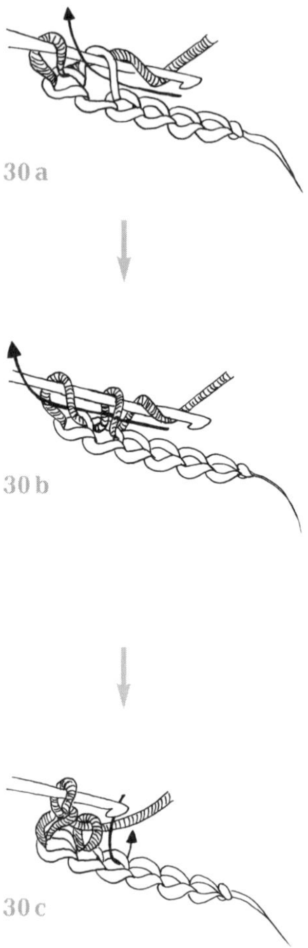

Abb. 30 a, 30 b, 30 c:
feste Masche

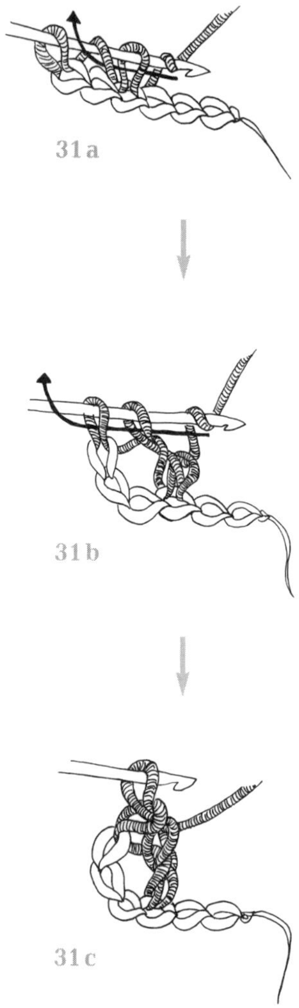

Abb. 31 a, 31 b, 31 c:
Stäbchen

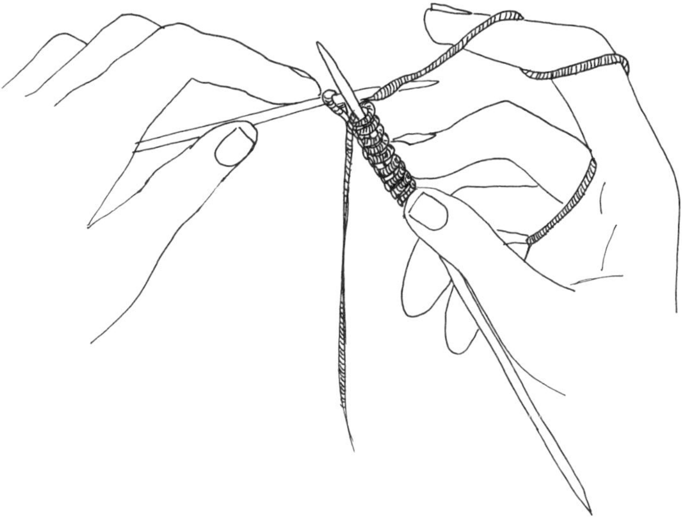

Abb. 32: Haltung beim Stricken

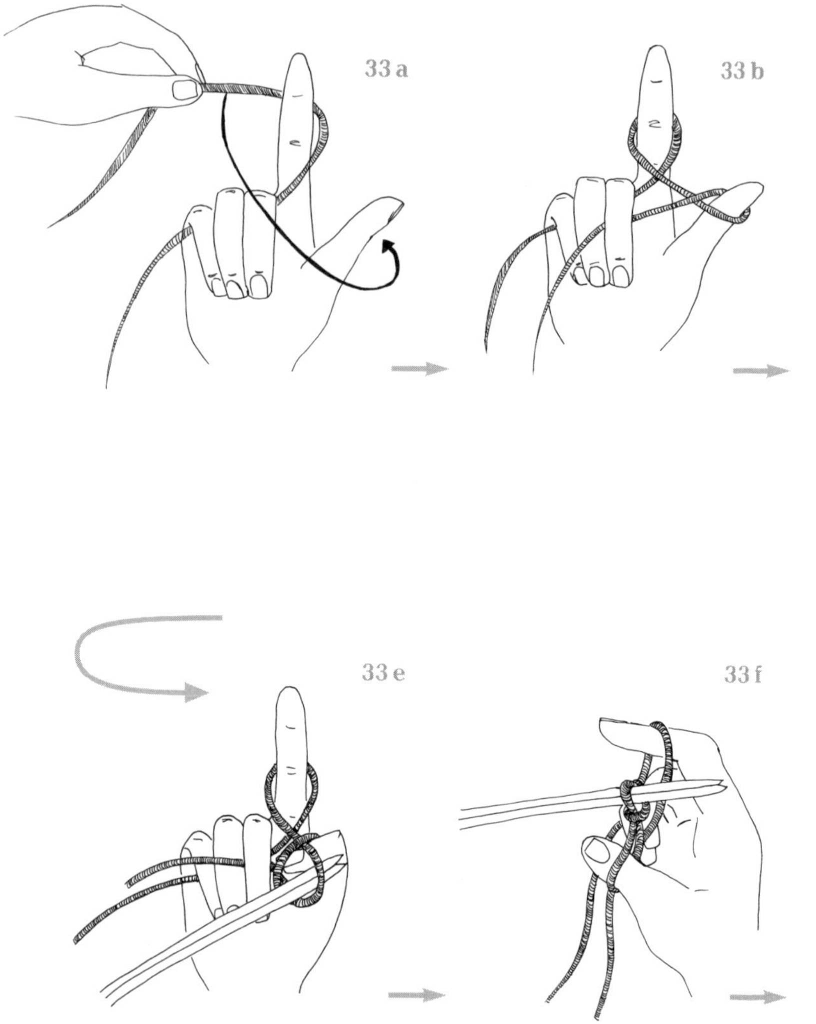

Abb. 33a–g: Kreuzanschlag

33 c

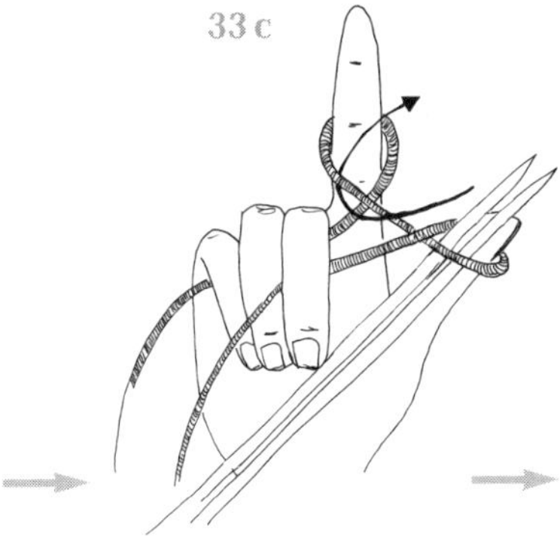

33 d

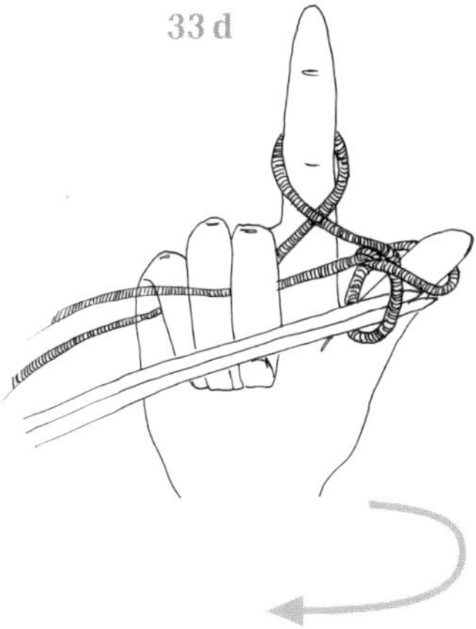

33 g

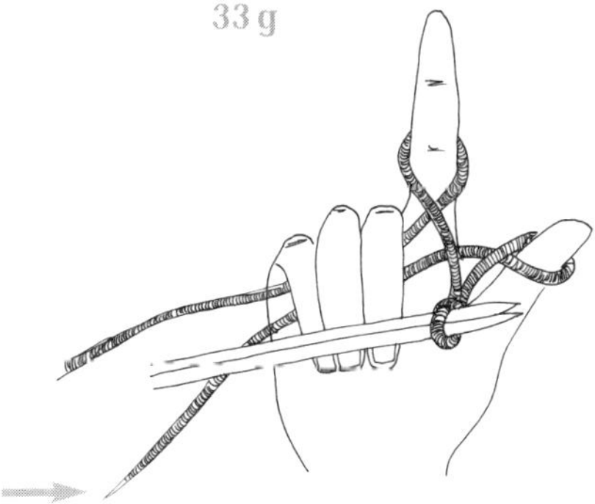

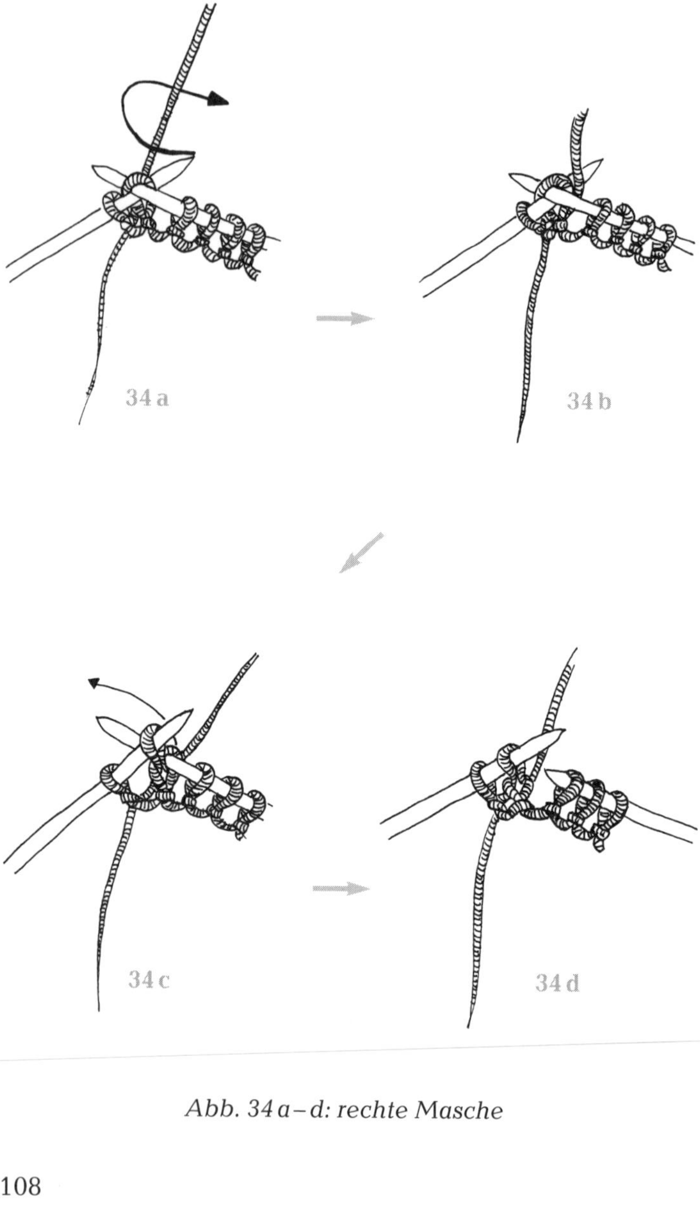

Abb. 34 a–d: rechte Masche

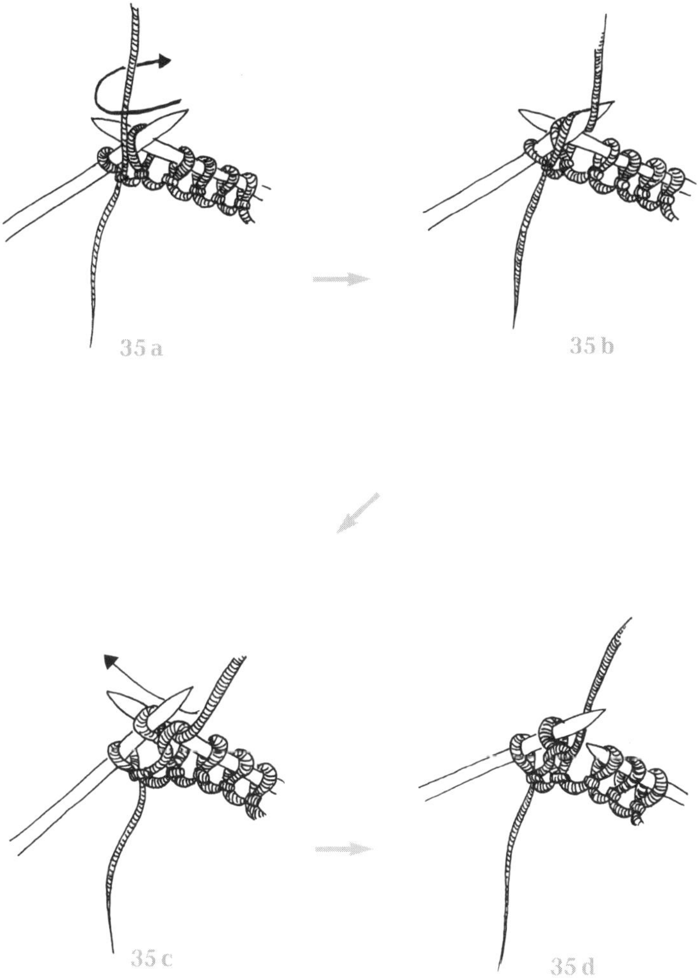

Abb. 35 a – d: linke Masche

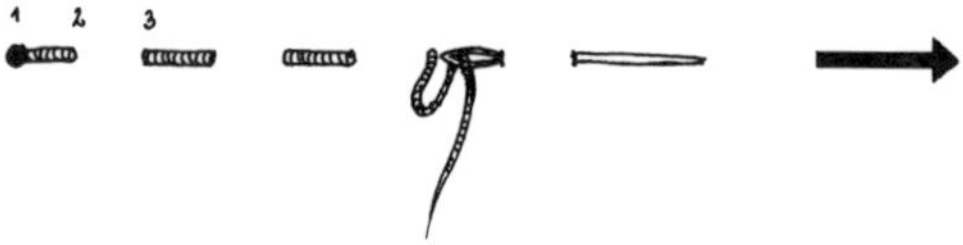

Abb. 36: Vorstich und Arbeitsrichtung beim Sticken

Abb. 37: Steppstich

Abb. 38: Zickzackstich

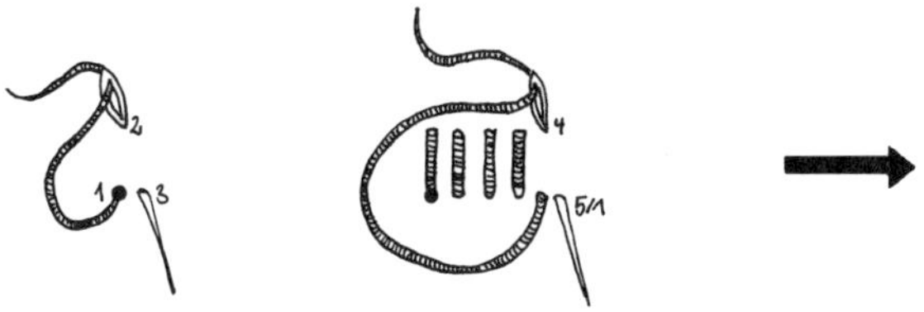

Abb. 39: Stehstich

Abb. 40: Schlingenstich

Abb. 41: Hexenstich

Abb. 42 a: Arbeitsrichtung beim Grundstich

Abb. 42 b: Arbeitsrichtung beim Deckstich

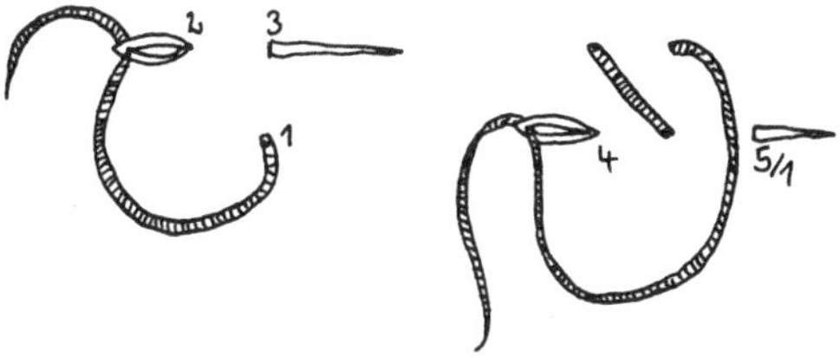

Abb. 43: Kreuzstich – waagerecht

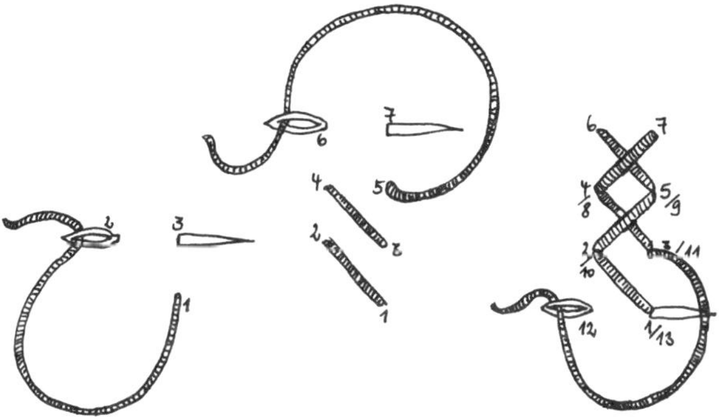

Abb. 44: Kreuzstich – senkrecht

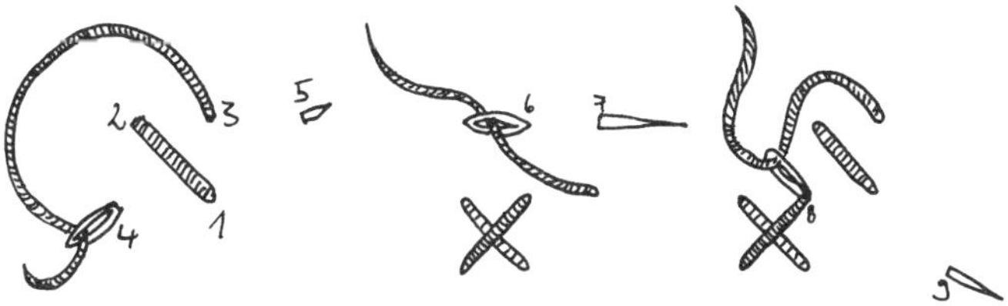

Abb. 45: Kreuzstich – diagonal

Adressen

◆ *Information, Beratung und Händigkeitsuntersuchung*

Da die Anzahl der in der Linkshänderberatung tätigen Fachleute verschiedenster Berufsgruppen stetig steigt, wurde auf eine entsprechende Liste verzichtet. Hinweise zu regionalen Beratungsmöglichkeiten können bei der *Ersten deutsche Beratungs- und Informationsstelle für Linkshänder und umgeschulte Linkshänder* telefonisch erfragt, oder im Internet der *deutschen Linkshänderseite* entnommen werden.

Erste deutsche Beratungs- und Informationsstelle für Linkshänder und umgeschulte Linkshänder
Leitung: Dr. Johanna Barbara Sattler, approbierte Psychotherapeutin, Psychologin
Sendlinger Str. 17, D-80331 München
Tel.: 0 89 / 26 86 14
www.lefthander-consulting.org

Die deutsche Linkshänderseite im Internet enthält Hinweise auf regionale Beratungsangebote: www.linkshaenderseite.de

Beratungsstelle der Autorin:
Beratungsstelle für Linkshänder
Dipl. Biol. Sylvia Weber
zert. Linkshänder-Beraterin n. Methodik Dr. J. B. Sattler
Rothbachstr. 29a, D-85229 Markt Indersdorf
Tel. und Fax: 0 81 36 / 22 86 84
www.linkshaenderberatungsstelle.de

◆ *Händler für Linkshänder-Gebrauchsgegenstände (Geschäfte und Versandhandel)*

Deutschland

- *Baden-Württemberg*

Hainlin, Königstr. 1, 70173 Stuttgart, Tel.: 07 11 / 29 16 54, www.hainlin.de

SeLin, Senioren- und Linkshändershop, Schillerstr. 8, 71638 Ludwigsburg, Tel.: 0 71 41 / 90 55 32, www.selin.de

- *Bayern*

sinErgo, Internetversandhandel, Wasserburger Landstr. 167/A, 81827 München, www.sinergo.de

Linkshändershop, Bohlenplatz 8, 91054 Erlangen, www.linkshaendershop.de

Links24, Innstr. 24a, 94032 Passau, Tel.: 08 51 / 7 56 57 51, www.links24.de

- *Berlin*

Der Linkshänder-Laden, Schmargendorfer Str. 34, 12159 Berlin, www.der-linkshaender-laden.de

- *Hessen*

Der Linkshänder, Goethestr. 15, 63263 Neu-Isenburg, Tel.: 0 61 02 / 2 15 41, www.derlinkshaender.de

Linkshänder-Lehrmittel und -Lernmaterialien K. Oetzel, Mathilde-Franziska-Annekestr. 16, 68519 Viernheim, Tel.: 0 62 04 / 7 27 52, www.sinnvoll-lernen.de

- *Niedersachsen*

sinistrius, Postfach 1709, 27737 Delmenhorst, Tel.: 0 42 21 / 7 30 07, www.sinistrius.de

LAV Linkshand-Artikel-Vetrieb, Großhandel, Einzelhandel, Versand, Postfach 1208, 28785 Schwanewede

Lafüliki, C. Bayer (zert. Linkshänderberaterin) Schöttlingerstr. 7a, 31698 Lindhorst, Tel.: 0 57 25 / 91 54 20, www.lafueliki.de

- *Nordrhein-Westfalen*

Die linke Hand, Versandhandel, Neusser Str. 35, 41564 Kaarst, Tel.: 0 21 31 / 76 94 29

SML, Stark mit Links, H. Stark, Zum Lenzenkamp 2, 41812 Erkelenz-Immerath mit-linx.de, W. Herchenhan (zert. Linkshänderberaterin), Wiemespfad 24, 47918 Tönisvorst, Tel.: 0 21 56 / 70 79

- *Rheinland-Pfalz*
  Linkshandversand S. Hornung, Ottostr. 8, 67551 Worms, Tel.: 0 62 41 / 93 46 44, www.linkshandversand.de
- *Sachsen*
  Isi's Linkshänder- Geschenkartikel u. Bestellshop, Dresdner Str. 2, 01705 Pesterwitz
- *Sachsen-Anhalt*
  Künstler- und Linkshänderbedarf Fischer, Steinweg 55, 06110 Halle/S.
  LIVE – Linkshand Artikel Versand, D. Stübner, Im Heidefeld 38, 39175 Wahlitz, Tel.: 03 92 00 / 5 33 79, www.lefthand.de
  lila-geschenke, S. Pfundt, Internetversandhandel, Friedensstr. 23, 01097 Dresden, www.lila-geschenke.de
- *Thüringen*
  activus eShopping GmbH, Fachhandel für Linkshänder, www.linkshaender.de

Österreich

Itterheim Linkshandartikel, Neubaugasse 64–66, 1070 Wien, www.itterheim.com

Schweiz

Linkerhand, Brigitte Eichkorn, Stöberstr. 17, 4055 Basel, Tel.: 0041 / 61 / 3 01 63 90, www.linkerhand.ch

iLINKI (Versand) Brigitte Eigenmann, Hauptstr. 88, 9434 Au, Tel.: 0 71 / 7 44 47 89

Hersteller von Musikinstrumenten für Linkshänder

Dr. Hermann Moeck e.K., Lückenweg 4, D-29227 Celle, www.moeck-music.de

Hohner AG, Andreas-Koch-Str. 9, D-78647 Trossingen, www.matth-hohner-ag.de/index.asp

Conrad Mollenhauer GmbH, Weichselstr. 27, D-36043 Fulda, www.mollenhauer.com

Carl Höfner GmbH (inc. Roderich Paesold), Egerlandstr. 38, D-91083 Baiersdorf-Hagenau

Musima Bärwinkel KG, Pestalozzistr. 25, D-08258 Markneukirchen, www.musima.com

Yamaha Europa GmbH, www.yamaha-europe.com:

- Niederlassung Deutschland, Siemensstr. 22-34, D-25462 Rellingen
- Niederlassung Österreich, Schleiergasse 20, A-1100 Wien
- Niederlassung Schweiz, Seefeldstraße 94, CH-8008 Zürich

Literatur

Ayres, A. J. (1998): Bausteine der kindlichen Entwicklung. 3. Aufl. Springer, Heidelberg

Barslay, M. (1966): The Other Hand. Hawthorne Books, New York

Blau, A. (1946): The Master Hand. A Study of The Origin and Meaning of Right and Left Sidedness and its Relation to Personality and Language. Research Monograph of the American Orthopsychiatric Association Inc, No. 5, New York

Bobath, B., Bobath, K. (1998): Die motorische Entwicklung bei Zerebralparesen. 5. Aufl. Thieme, Stuttgart

Boyer, L., in: Satzke, K. (1990): Kommentar zum Lehrplan der Volksschule. Österreichischer Bundesverlag (ÖBV), Wien

Döring, G., Hellbrügge, T. (1990): Das Kind von 0–6. 6. Aufl. Moderne Verlagsgesellschaft, München

Faxel, S., Knapp, I., Lüghausen, W. (1997): Hauswirtschaftstechnischer Betriebshelfer. 8. Aufl. Handwerk und Technik, Hamburg

Fließ, W. (1923): Der Ablauf des Lebens. 2. Aufl. Franz Deutricke, Wien

Fisher, A. G., Murray, E. A., Bundy, A. C. (1999): Sensorische Integrationstherapie. Theorie und Praxis. Springer, Berlin/Heidelberg

Gutezeit, G. (1986): Beziehungen zwischen Lateralität und funktioneller Dominanz. Kindesentwicklung und Lernverhalten. Berichtbd. d. 2. Europ. Symposiums über Entwicklungsneurologie 1985 in Hamburg

Kesper, G., Hottinger, C. (2002): Mototherapie bei sensorischen Integrationsstörungen. 6. Aufl. Ernst Reinhardt, München

Kramer, J. (1961): Linkshändigkeit – Wesen, Ursachen, Erscheinungsformen. Mit Lockerungsübungen für linkshändige und gehemmte Kinder und Jugendliche. Antonius, Solothurn

Levy, J. (1986): Das Gehirn hat keine bessere Hälfte. Psychologie heute 1/86, 32–37

Lösslein, H., Deike-Beth, C. (2000): Hirnfunktionsstörungen bei Kindern und Jugendlichen. 3. Aufl. Deutscher Ärzte-Verlag, Köln

Olsson, B., Rett, A. (1989): Linkshändigkeit. Hans Huber, Bern

Otte-Schacht, A. (1993): Linkshändigkeit und Schulschwierigkeiten. Rundbrief des Psychologischen Dienstes der Bundesanstalt für Arbeit Nürnberg Nr. 30, 61–102

Pauli, S., Kisch, A. (2002): Was ist los mit meinem Kind? Bewegungsauffälligkeiten bei Kindern. Urania-Ravensburger, Berlin

Rotberg, S. von (2001): Spielzeug für linkshändige Kinder. http://www.lefthander-consulting.org (25.11.02)

Ruf, B. (2002): http://www.maecky.com/privat2/links.htm (25.11.02)

Sarasin, P. (1918): Über Rechts- und Linkshändigkeit in der Prähistorie und die Rechtshändigkeit in der historischen Zeit. Verh. Naturforsch. Gesellschaft 29, Basel, 122–126

Sattler, J. B. (2001a): Linkshändige und umgeschulte linkshändige Kinder und Jugendliche. Kinder und Jugendarzt 32/2, 139–147

– (2001b): Übungsheft für Linkshänder. 5. Aufl. Auer, Donauwörth

– (2000): Gibt es einen kausalen Zusammenhang zwischen Linkshändigkeit und Lese-Rechtschreib-Schwierigkeiten? In: Ganser, B.: Lese-Rechtschreib-Schwierigkeiten. Diagnose – Förderung – Materialien. Auer, Donauwörth, 199–202

– (1999a): Linkshänder und umgeschulte Linkshänder in der Ergotherapie. In: Praxis Ergotherapie 12/2, 98–110

– (1999b): Chancen und Gefahren einer Rückschulung der Händigkeit bei Erwachsenen. http://www.lefthander- consulting.org (25.11.02)

– (1999c): Die Psyche des linkshändigen Kindes. Auer, Donauwörth

– (1998): Zur Testung der Linkshändigkeit. http://www.lefthander-consulting.org (25.11.02)

– (1996a): Der umgeschulte Linkshänder. 2. Aufl. Auer, Donauwörth

– (1996b): Schreibunterlagenblock für Linkshänder. Auer, Donauwörth

– (1996c): Übungen für Linkshänder. Auer, Donauwörth

– (1994): Das linkshändige Kind in der Grundschule. Herausgegeben vom Staatsinstitut für Schulpädagogik und Bildungsforschung München. 3. Aufl. Auer, Donauwörth

– (1986): Umschulung der Händigkeit. Ein massiver Eingriff ins menschliche Gehirn. Lernen-Fördern 5/1986, 10–16

Satzke, K. (1990): Kommentar zum Lehrplan der Volksschule. Österreichischer Bundesverlag (ÖBV), Wien

Schmauder, M. (1999): Händigkeitsgerechte Gestaltung von Ar-

beitsmitteln. Bundesanstalt für Arbeitsschutz und Arbeitsmedizin, Dortmund
Smits, R. (1994): Alles mit der linken Hand. Rowohlt, Berlin
Sovák, M. (1968): Pädagogische Probleme der Lateralität. Bd. 16, Verlag Volk und Gesundheit, Berlin
Springer, S. P., Deutsch, G. (1998): Linkes/Rechtes Gehirn. 4. Aufl. Spektrum Akademischer Verlag, Heidelberg/Berlin
Ullmann J. F. (1974): Psychologie der Lateralität. Huber, Bern

Sachregister

Die Buchreihe
»Kinder sind Kinder«

Die bewährte Ratgeber-Reihe »Kinder sind Kinder« gibt fundierte Antworten auf die verschiedensten pädagogischen Fragen und bietet praktische Hilfestellung und nützliche Tipps bei der Bewältigung von Schwierigkeiten in den verschiedenen Entwicklungsstufen vom Baby bis zur Pubertät.

Alfred Zuckrigl
Linkshändige Kinder in Familie und Schule

Band 1

5., erg. Aufl. 1995
96 Seiten
(3-497-01370-6) kt

Linkshändigkeit hat Millionen Jahre der Evolution überlebt, und sie bietet gegenüber der Rechtshändigkeit sogar manche Vorteile. Dennoch haben viele Linkshänder Schwierigkeiten in der Rechtshänderzivilisation und können sich nicht ihrer Veranlagung gemäß entfalten. Der auf diesem Gebiet erfahrene Verfasser ist berufen, Eltern, Erzieherinnen und Erziehern, Lehrerinnen und Lehrern das Erscheinungsbild zu erklären, sie zu beraten und wissenschaftlich begründete Entscheidungshilfen anzubieten sowie das Selbstwertgefühl der Linkshänder, die in wachsender Zahl in Erscheinung treten, zu stärken. Neben Funktionsproben und Testverfahren werden vor allem Methoden aufgezeigt, linksveranlagte Kinder zu fördern. Zusammenhänge zwischen Händigkeit und Gehirnorganisation werden verständlich gemacht. Die Auseinandersetzung mit neueren Forschungsergebnissen vermag der Verunsicherung in der pädagogischen Praxis zu begegnen.

Band 22

Sylvia Görnert-Stuckmann
Mit Kindern Geschichten erfinden

2003. ca. 120 Seiten
ca. 10 Abb.
(3-497-01644-6) kt

Die Autorin erklärt in diesem Buch verständlich, warum Geschichten für die gesunde Entwicklung des Kindes, aber auch zur Lösung von Konflikten wichtig sind. Sie zeigt an Beispielen, wie Sie mit einem Kind oder mit einer Gruppe von Kindern kreativ tätig sein können. Und dazu hat sie eine Auswahl an Geschichten, die sie mit Kindern und Kindergruppen erfunden hat, für Sie gesammelt. Nutzen Sie die Beispiele und Geschichten in diesem Buch für Ihren Alltag und zur spielerischen Förderung Ihres Kindes. Sie werden sehen – nicht nur die Kinder haben Spaß dabei.

Band 24

Johann R. Krauss
Der Abenteuerspielplatz

Planung, Gründung und pädagogische Arbeit

2003. ca. 150 Seiten
Mit zahlr. Fotos und Tab.
(3-497-01652-7) kt

Johann R. Krauss schöpft aus seiner jahrelangen Erfahrung auf dem Abenteuerspielplatz und hat in diesem Buch zentrale Fragen beantwortet, die sich Menschen bei der Planung eines Abenteuerspielplatzes unweigerlich stellen:

- Wie erarbeiten wir ein Konzept, wie setzen wir es um?
- Wie beziehen wir die Kinder und Jugendlichen ein?
- Welche Vorschriften müssen wir beachten?

Die Beispiele geben einen Einblick, wie das Leben auf einem Abenteuerspielplatz gestaltet werden kann. Ein informatives Buch, das in die Tasche eines jeden Erlebnispädagogen gehört.

Joachim Rumpf

Schreien, schlagen, zerstören

Band 21

Der Umgang mit aggressivem Verhalten ist so vielschichtig wie das Phänomen selbst. Sehr wichtig ist es, dass Eltern sich über Aggressionen, ihre Erscheinungsformen und Ursachen informieren. Dass sie sich Wissen aneignen, wie man in unterschiedlichen Situationen mit der Aggressivität eines Kindes umgehen kann und welche positiven Bedingungen im Umfeld des Kindes und der Familie geschaffen werden können.
Der Autor veranschaulicht anhand von zahlreichen Fallbeispielen, wie Eltern auch schwierige Situationen in der Familie meistern können.

Mit aggressiven Kindern umgehen

2002. 120 Seiten
(3-497-01629-2) kt

Karl E. Dambach

Mobbing in der Schulklasse

Band 15

Kinder hänseln MitschülerInnen, weil sie anders aussehen oder unsportlich sind. Das war schon immer so. Und dass viele Kinder besser „austeilen" als einstecken können, wissen Eltern und Lehrer nur zu gut.
Karl E. Dambach zeigt die typischen Verhaltensmuster, die bereits in der Schule gelernt und geübt werden. Er gibt konkrete Hinweise, wie Lehrer und Eltern den gemobbten SchülerInnen helfen können, und bietet Hilfen, wie das Sozialverhalten in der Schule verbessert werden kann.

2., überarb. und erw. Aufl. 2002
115 Seiten
(3-497-01588-1) kt

Band 20

Margarete Blank-Mathieu

Kleiner Unterschied – große Folgen?

Geschlechtsbewusste Erziehung in der Kita

2., aktual. Aufl. 2002
140 Seiten
(3-497-01619-5) kt

Spätestens mit dem Eintritt in den Kindergarten wissen kleine Mädchen, dass sie Mädchen sind, und Jungen wissen, dass sie eben Jungen sind. Daher spielt auch der Kindergarten bei der kindlichen Entwicklung eine wichtige Rolle.
Margarete Blank-Mathieu bietet eine Fülle von Informationen über die Entwicklung von Kindern, gibt praktische Hinweise für die Arbeit in Kindertagesstätten und zeigt, wie eine geschlechtsoffene und demokratische Erziehung im Kindergarten geleistet werden kann.

Band 19

Hermann Liebenow

Taschengeld & Co

So lernt Ihr Kind sparen und ausgeben

Mit Zeichnungen von M. Bofinger

2002
140 Seiten 5 Tab.
(3-497-01609-8) kt

Hermann Liebenow beschreibt beeindruckend konkret, wie sich das Verständnis für Geld vom Kindesalter bis ins frühe Erwachsenenalter hinein entwickelt. Er schildert, welche Gelderfahrungen zu welchem Entwicklungsalter passen und wieviel Taschengeld für welches Alter angemessen ist. Aber zur Gelderziehung gehört weitaus mehr als das Taschengeld. Uns allen bekannte Alltagsbeispiele demonstrieren, warum und wie geldliche Zulagen die Motivation von Jugendlichen unterstützen können und welche praktikablen Zuverdienste durch Arbeit die notwendigen Wertvorstellungen ausbilden. Dahinter steht ein fundiertes Konzept zur Förderung der kindlichen Fähigkeiten zur Selbststeuerung.